Patent Searching:
Tools & Techniques

专利检索：
工具与技巧

David Hunt Long Nguyen Matthew Rodgers◎著

北京市知识产权局◎编译

陈可南◎主译

知识产权出版社

全国百佳图书出版单位

WILEY

责任编辑：国晓健　　　　　　　　　　责任出版：刘译文

图书在版编目（CIP）数据

　专利检索：工具与技巧/（美）大卫·亨特（David Hunt），（美）朗·阮（Long Nguyen）；（美）马修·罗杰斯（Matthew Rodgers）著，北京市知识产权局编译；陈可南主译. —北京：知识产权出版社，2013.7

　ISBN 978 – 7 – 5130 – 2021 – 3

　Ⅰ.①专… Ⅱ.①亨… ②阮… ③罗… ④陈… Ⅲ.①专利—情报检索 Ⅳ.①G252.7

　中国版本图书馆 CIP 数据核字（2013）第 077016 号

专利检索：工具与技巧

ZHUANLI JIANSUO: GONGJU YU JIQIAO

[美] David Hunt, Long Nguyen and Matthew Rodgers　　著

北京市知识产权局　编译

陈可南　主译

出版发行：知识产权出版社

社　　址：北京市海淀区马甸南村 1 号	邮　　编：100088
网　　址：http://www.ipph.cn	邮　　箱：bjb@cnipr.com
发行电话：010 – 82000893 转 8101	传　　真：010 – 82005070/82000893
责编电话：010 – 82000860 转 8385	责编邮箱：guoxiaojian@cnipr.com
印　　刷：北京中献拓方科技发展有限公司	经　　销：新华书店及相关销售网点
开　　本：720mm×1000mm　1/16	印　　张：11.75
版　　次：2013 年 7 月第 1 版	印　　次：2013 年 7 月第 1 次印刷
字　　数：161 千字	定　　价：32.00 元

京权图字：01-2013-1776

ISBN 978-7-5130-2021-3

出版权专有　侵权必究

如有印装质量问题，本社负责调换。

编译组成员

组　长：汪　洪
副组长：王淑贤　潘新胜
成　员：盛安平　王德道　党建新　陈可南

目　录

关于作者

David Hunt 是 London IP 公司的 CEO 和所有者。他拥有威廉玛丽学院的文学学士和 MBA 学位，曾于弗吉尼亚州麦克莱恩市的联邦住房抵押贷款公司（Federal Home Loan Mortgage Corporation，Freddie Mac）担任公司战略、市场研究和竞争情报高级经理，还在信息技术领域的大型和小型企业担任项目经理，在运营管理方面具备相当丰富的经验。Hunt 先生是 PIUG（Patent Information User Group）和 PATMG（Patent and Trade Mark Group）的会员。这两个机构是专业的专利信息用户组织，分别位于美国和英格兰。同时，他也是国际商标协会（International Trademark Association，INTA）和竞争情报专业协会（the Society for Competitive Intelligence Professionals，SCIP）的会员。

Long B. Nguyen 是 London IP 公司专利检索质量主管。他拥有乔治华盛顿大学的工程管理硕士学位，以及锡拉丘兹大学的机械工程学士学位和经济学学士学位，是注册专利代理人（代理人编号：56138），并在美国专利商标局（United States Patent and Trademark Office，USPTO）有着数年的专利审查经验。在 USPTO 担任专利审查员时，他审查的技术包括牵引装置、轮轴和轮胎充气系统。同时，他还具备商业方法方面的经验。

Matthew Rodgers 是 London IP 公司专利检索集团的副总裁。他拥有位于奥斯汀的德克萨斯大学的机械工程学士学位，对半导体热处理和选择性激光烧结进行过研究。此外，他在冶金失效分析方面也具有丰富的经验。在加入 London IP 公司之前，Rodgers 先生在 USPTO 从事过多年的专利审查工作，并在其他商业专利检索公司担任专利检索方面的技术专家。他还是知名的专利法培训公司弗吉尼亚州夏洛茨维尔 Patent Resources 集团公司的正式教员。

致　谢

　　本书是团队努力的成果。编者要感谢所有为本书做出贡献的，来自 London IP 公司和 Patent Resources 集团公司的杰出人士。没有他们的参与，本书是不可能完成的。

　　本书的首章"专利检索的背景知识"由杰出的生物化学领域的专利信息学家 Sally Sakelaris 和 Bill Bohlayer 撰写。Sally 是 London IP 专利分析主管和 Patent Resources 集团的教员，还曾担任过 USPTO 的专利审查员。Bill Bohlayer 是一位优秀的学者，曾登上过生物化学杂志。同时，他还是经验丰富的专利分析师，曾为许多公司、专利律师以及 USPTO 提供过检索服务。

　　第二章"专利检索的种类"主要由 Matt Meyer 博士撰写。他领导着 London IP 的化学和生物化学团队，是公司中任职时间最长的专利分析师，经验丰富的科学顾问和优秀的培训师。

　　Bill Bohlayer、Jamshid Goshtasbi、Benjamin Hitt、Matt Meyer、Blaise Mouttet、Long Nguyen、Dave Odland、Matthew Rodgers 和 Geoff Thomas 共同起草了第三章"检索方法"。Jamshid、Blaise 和 Dave 是电气和物理领域的优秀分析师。他们都曾是 USPTO 的审查员，善于沟通而且专业精熟。Geoff Thomas 是 London IP 专利检索的主管，在数家机构和律师事务所从事过多年的专利检索工作，涉及各种主题领域。他也是"检索国外专利文献"部分

1

的作者。Ben Hitt 和 Long Nguyen 是机械和商业方法领域的分析师，共同起草了本书的大部分内容。Ben 是第六章"检索工具"的主要作者，并为第三章做出了贡献。Long 是 London IP 专利检索质量的主管，也是本书主要的内容编辑。作为前 USPTO 审查员和专利分析师，他在专利检索领域的学识几乎无人可比。Matt Rodgers 是 London IP 专利检索集团的副总裁，前专利审查员，曾在多个机构担任过检索员，也是 Patent Resources 集团经验丰富的教员。没有他的领导，本书是无法获得成功的。

Robert Cantrell 是与竞争情报相关的专利信息收集、评估和沟通方面的思想领袖。他曾撰写过数册关于商业战略的书籍，并经常为知识产权刊物供稿。Robert 领导了第四章"专利分析"的撰写工作。他是 London IP 的咨询主管和 Patent Resources 集团高级课程的教员。他还是美国陆军战争学院的教官。

Kristin Hehe 是一位化学家、检索经理，原专利分析师，具备出色的思考和写作技巧。她与 Robert 共同撰写了第五章"检索结果的报告方法"。如果没有一位熟悉规则，可以迅速准确地评估项目范围，并能与检索委托人良好沟通的专业检索经理，专利检索公司就无法取得成功。Kristin 在每个角色上都非常出色。

Ben Hitt 和 Sally Sakelaris 撰写了第六章"检索工具"。读者应该已经知道他们的背景和贡献了。我们非常感激他们在 London IP 内外欣然地分享他们的知识、技巧和专业精神。

最后，我们要感谢弗吉尼亚州夏洛茨维尔 Patent Resources 集团的 Laurie Baber、Debi Dandridge 和 Susan Mathis。Laurie 是专业图书馆员，为本书的资料和图表提供了很好的支持。Debi 编辑了本书的内容和体例。她的建议全面深入，并被纳入了本书的终稿之中。与 Patent Resources 集团的每位职员一样，Debi 是杰出的专业人士。除了其他职责以外，Susan 是位优秀的技术编辑。谢谢你们。

我们希望读者能够喜欢阅读并参考本书的内容。像生活中的每件事一样，我们认为此书仍然需要不断地完善。欢迎任何可以帮助我们在未来改善本书理念和工具的建议和意见。

David Hunt，专利检索集团 CEO

Matt Rodgers，专利检索集团副总裁

Long Nguyen，专利检索质量主管

London IP 公司

美国弗吉尼亚州亚历山大市

序 言

　　这本关于专利检索的书籍是一次旅行的结果。几年前，许多专利律师找到 London IP 公司询问如何进行现有技术检索。很不幸，我们没有雇佣过专利检索人员，自己也没有做过检索。我们公司从 1949 年起专门为律师和代理人提供专利信息服务。我们的业务是专利信息，而非专利检索。但是，我们决心尽可能地学习专利检索。

　　我是学工商管理的，没有能力进行专利检索。我有个 MBA 学位，这意味着在别人的帮助下，我可以做任何事情。但要是没有别人帮忙，我就什么都干不了。我无法进行专利检索的事实让我明白，我得找专家去。

　　于是，公司雇佣了一些非常好的专利检索人员，并且很快就发现他们都已经学会了如何在"工作中"检索，也就是在专利律师、专利代理人、图书馆员或他们自己的指导下。这对我们来说有点不寻常。我们觉得，专利的质量和可执行性在很大程度上取决于最初的专利性检索。当然也有很多杰出的专利律师和优秀的专利技术。数以千计的律师和代理人在美国专利商标局和其他专利管理部门注册执业。但是，在哪儿能找到正式的专利检索培训项目呢？

　　然后，我们很快就了解到，除了荷兰以及几个培训内部员工的大公司外，没有正式的检索课程存在。关于专利检索方面的书籍和资料也很少。

宾夕法尼亚的一位大学图书馆员写过一本教材，但内容更关注工具而非普遍适用的原则。富兰克林皮尔斯法律中心也发布过一些资料，但也不是权威版本。

在确认对高品质资料和培训课程的需求之后，我们与弗吉尼亚州夏洛茨维尔 Patent Resources 集团（PRG）的 Irving Kayton 教授取得了联系。Kayton 教授是专利领域的传奇人物，在专利律师考试复习和高级专利法教育课程方面非常成功。我们向他询问 PRG 是否进行专利检索培训；如果没有的话，他能否为我们的员工提供类似的培训课程。

Kayton 教授也认为高质量的专利检索对专利律师有非常关键的作用，并且建议 London IP 公司在他的指导下组织一个课程，来培训我们的员工和其他相关人士。我们接受了他的建议，并在广泛的研究和团队合作的基础上为他的课程制作了教材。我们的一些专利分析师和高级经理目前就执教于 PRG。该教材经过多次修订，其中有些内容已经包含在本书中。另外，我们很高兴地告知各位，我们的专利检索培训课程在 PRG 的上座率很高，非常成功。

我们并不认为我们的努力已使此书成为这个主题的最终版本。但这将是我们的目标。我们相信这本书迈出了重要的一步。为了让你们、我们和大家能够得益于这本应当在数年前就写成的教材，我们会不断地进行修订和完善。

我们的目标是为读者提供专利检索的方法和途径，无论您的技术专长或在知识产权领域的角色是什么，都会从中受益。本书的重点在于原则和方法，而非具体的工具。一些数据库供应商拥有很好的检索工具——我们会进行简要介绍。所有这些公司都会教您如何使用他们的软件和服务，而且通常是免费的。而本书则是要向您传授专利检索的艺术与科学，不管您使用的是什么工具。当然我们在书中也提供了如何选择恰当工具的标准，甚至还有主要数据库的最新信息。

欢迎任何可以帮助我们不断改进和完善本书的建议和评论。如果您想提供任何建设性的意见，请直接与我联系。

谢谢，并向您致以诚挚的敬意。

David Hunt，CEO

London IP 公司

dhunt@ london – ip. com

2007 年 1 月 1 日

美国弗吉尼亚州亚历山大市

第一章　专利检索的背景知识：专利法和审查

If nature has made any one thing less susceptible than all others of exclusive property, it is the action of the thinking power called an idea, which an individual may exclusively possess as long as he keeps it to himself; but the moment it is divulged, it forces itself into the possession of every one, and the receiver cannot dispossess himself of it.

——Thomas Jefferson

现在看来，作为美利坚合众国的第三任总统以及 1790 年制定的美国第一部专利法的推动者，Thomas Jefferson 走在了那个时代的前列。他生活的那个年代，对生物技术这样的东西只有隐约的认知，也许是通过农夫的轮作知识，粪肥的使用，或是对充分整地的需求。但是，他帮助制定的法律仍然掌管着现代的专利体系，而且仍然能够容纳不断发展的科学技术。在对知识产权的未来没有任何认知的情况下，Jefferson 精心创建的专利法仍然在继续适应着无数技术主题的审查和检验。

在美国专利局成立之初，进行勤勉尽责的检索是非常重要的，不过完全没有现在这样困难。想象一下，那时候所有的授权专利就放在一个柜子里，发明人承受的检索负担非常小。现在，开始专利审查之前进行彻底的检索已经成为了"规定动作"，而且在专利维持期限内的不同阶段进行各类检索也有了必要性。身处于爱好诉讼的文化之中，我们必须在理想的专利期限内对任何意料之外的失策未雨绸缪。

审查之前的专利检索可以帮助完善未来专利的可防御性，或者劝阻发明人不要进入审查程序。作为发明人、专利律师、代理人或检索人员，审查前的准备会在将来为专利权人节省时间和金钱。

比如，花 25000 美元去审查一件专利申请，结果只是从审查员那里得知发明缺少基本的新颖性。更糟的是，审查员也许根本没有进行充分检索，你实际上只获得了一件以后会被认定为无效的专利，这种灾难的代价是巨大的；但一次专业的专利检索将提醒你三思而后行。

本书涉及的许多检索类型将为申请人提供宝贵的数据，增加他们从公司投资中获得丰厚回报的机会。

美国的专利体系

在探讨专利检索之前，为了帮助读者应对此次航行中的内在挑战，非常有必要先介绍一下目前的美国专利体系。

Thomas Jefferson 的引言提到了拥有创意的独特性和特有前景，知识产权的基石，以及存在于它们存续和发展中的挑战。

知识产权由专利、商标、著作权和商业秘密组成。美国宪法第 1 章第 8 部分授权国会"保障作者和发明人对各自著作和发明在限定期限内的专有权利，以促进科学和工艺的进步"。就宪法创造的这三类知识产权而言，专利为它们的发明人提供了最有力的保护，同时也不出意外地在它们的申请过程中制造了最大的障碍。

为了获得专利，发明人必须与美国政府或者其他授予专利权的政府达成交换条件。作为获得制造、销售或使用发明创造的专有权的代价，发明人要向公众提供如何制造或使用发明的完整的、具备可实施性的说明。

专利保护的益处

通过公知领域中新的、专利化的信息资料，政府希望鼓励更多的科学家利用这些科技进步知识进行创新。这种情况乍看起来也许有些反直觉。你也许会认为，如果发明人通过文学领域公开他们的发现并分享知识，公众将会得到更多的收益。毕竟，这种方法更省时间，而且是免费的。但是，以生物技术和药品配方领域的专利申请为例，在投入数百万美元进行研发之前，企业需要在一定程度上确保他们可以获得技术的专有权，只有专利能够给他们这种权利。

在美国，制药公司需要在初期的研发、随后的测试以及美国食品与药品管理局（The U. S. Food and Drug Administration，FDA）要求的批准程序中投入巨资。如果研发获得成功，这种大量投资将以专利保护的形式为企业提供利润的合理保证。在电子、汽车和能源产业等领域也存在这种高研发投入的情况，一旦获得专利便可授予他们在有限时间内对相关技术享有专有权，得以收回成本并获得利润。

如果没有任何权利的保障，只要披露研究人员的创新成果，其他人就有可能以此为基础进行改进，因此仅在出版物上公开技术不一定能起到激励作用。同样，在真正可能获得专利并影响某个领域之前，有些发明创造也许需要大量的基础性工作或市场营销。在这两种情况下，专利权人都必须投入众多资源，为向公众公开他们的发明成果做准备。如果无法保证能够获得制造、销售以及使用某项技术的专有权，任何人都不会投入大量时间、精力和资源去培育他们的发明创造。确保一定期限内享有对专利的专有权，可以让专利权人有机会收回在此过程中投入的研发和销售成本。

很少有什么其他资产像知识产权这样难以保护。因此，同样不应感到意外的是，在全球市场中，也几乎没有什么其他资产需要如此多形形色色的专业人士、专业知识来实现科学技术的最终价值。专利在各个领域都具有很强的吸引力。从需要抗杀虫剂、转基因大豆的农民，到忙碌于地下工作间的退休工程师，再到寻找高利润投资机会的风险投资家——专利在各个领域影响着人们的选择。

读者会发现他们在不同的领域从事着自己的专业，比如科学、工程、法律、专利检索或商业开发。在这些受过教育而且高度专业化的专业人士的关注下，获得一件专利并在其维持期限内进行运营，必然不会是一个简单的过程。但一旦获得某项资产的专有权，就有希望获得巨大的收益。

专利的拥有者是它的发明人，但是，发明人通常会在雇佣合同中将他的权利转让给雇主（如公司、大学或机构），因此，受让方将获得特定技术的专有权。专利权人控制着专利技术的许可权，并可阻止他人制造、使用或销售该专利技术。

专利体系的协调

美国立法者的目标是保护美国专利持有人的权利，并促进专利申请和保护的国际化。虽然美国的专利只在美国的管辖范围内有效，但是相关国家、地区和组织已经采取了一系列措施来协调全球的专利体系。有朝一日，各国可能会有更加统一的专利法。一个和谐的专利体系可以让发明人更顺畅地获得国外的专利保护。

《巴黎公约》（The Paris Convention）　该体系在协调过程中取得了很多进展。变革开始于 1885 年。那年，《巴黎公约》首次签署并被所有工业化国家采纳。它创造了优先权的概念，在大多数情况下，专利权人可以获得最多 21 年的保护。公约还为缔约国的发明人提供了新的自由：任何缔约国的发明人均可从其本国专利申请提交之日起一年内，向其他任意成员国提交专利申请，并在审查过程中以其本国申请提交之日作为申请日。

《专利合作条约》（The Patent Cooperation Treaty，PCT）　之后，在 1970 年，100 个国家通过并签署了《专利合作条约》。该条约允许全世界的专利局分担专利审查工作中的责任，比如对申请人的技术主题进行检索和初步审查。

《与贸易有关的知识产权协议》 （Agreement On Trade – Related Aspects of Intellectual Property Right，TRIPS）　最近，世界贸易组织（The World Trade Organization，WTO）的《与贸易有关的知识产权协议》在各方努力下诞生，包括《关税与贸易总协定》（The General Agreement on Tariff and Trade，GATT）和《北美自由贸易协定》（North American Free Trade Agreement，NAFTA）下的专利协议。

《关税与贸易总协定》由美国总统 Bill Clinton 于 1994 年签署，引入了专利保护期限的变更和美国的"临时申请（provisional application）"。现在，美国的专利申请人可以同那些向其他国家提交外国申请的申请人一样，将专利权保护期限延长一年。此前，在缴纳维持费的前提下，美国专利的保护期限是自授权之日起 17 年。

签署此协议后，专利的保护期限将修改为自美国专利申请提交之日起 20 年。如果专利申请明确提及根据 35 U. S. C. 120，121 或 365（c）提交的在先申请，则该专利的保护期限为自最早的申请日起 20 年。为了弥补在专利审查过程中因不同情况导致的延误，20 年的专利保护期限最多还可以再延长 5 年。专利保护期限的修改，大大减少了美国"潜水艇专利"的发生。

《1999 年美国发明人保护法案》（American Inventor's Protection Act of 1999，AIPA）　美国近期通过了《1999 年美国发明人保护法案》。该法案规定，除特殊情况外，所有 2000 年 11 月 29 日以后提交的专利申请，必须自其向美国专利商标局提交之日起 18 个月后向公众公开。

以上所介绍的每项法案都使美国的专利体系与其他国家更为一致。

优先权日

优先权概念是专利性的根本。前文已经提及"申请日"的关键性，"优先权日（The Priority Date）"则由最早的申请日界定。优先权日是检索适用参考文献（即"现有技术"）的时间界限，对各种类型的专利检索而言至关重要。

美国临时申请（The U. S. Provisional Application）　为了使发明人能够在美国享受 21 年的专利保护期限，临时申请在签署《关税与贸易总协定》之后被创建。在提交正式的专利申请前一年内，发明人可以向美国专利商标局提交临时申请并获得 1 年的优先权。它不会被审查，并自提交之日起 1 年后失效。如果该专利被授权，发明人可能会享有 21 年的专利保护期限。因此，临时申请为申请人的优先权链条预留了位置。

更为重要的是，作为优先权基础的在先申请（美国国内申请或者来自国外的申请）需要经过美国专利商标局的审查确认。

继续申请（Continuing Applications）　继续申请可以帮助保留优先权日。在美国，根据申请人在审查程序中的不同目的，可以提交继续申请、分案申请（Divisional Application）和部分继续申请（Continuation – in – part）。

正式申请（Nonprovisional Application）　在美国，申请人可以提交三种正式申请：发明申请、外观设计申请和植物品种申请。每类申请都有各自的审查规则，但检索方法相似。

专利局使用分类体系将专利划分为不同的技术类别，并确定专利技术的具体保护领域。有时一件专利会有多个分类号。

对相关的特定技术主题进行现有技术检索时，分类号可以帮助审查员和检索人员迅速缩小检索范围。

专利文件的组成部分

授权专利由许多部分组成。有时你需要阅读它们来辅助你进行检索。表 1.1 简要描述了美国专利的关键组成部分，非美国专利一般也会包括其中的大部分内容。

表 1.1 美国专利的关键组成部分

组成部分	说 明
扉页 （著录信息页）	美国专利或公开的专利申请的扉页含著录信息，包括专利名称、申请日、授权日、所有发明人的姓名、专利权人（如果在审查中公开）、优先权日以及相关专利申请的申请日和申请号。扉页还有专利局为该专利文件划分的大类号和小类号，包括审查员在审查过程中进行检索的大类号和小类号列表。最后，还包括申请人和审查员在审查过程中作为现有技术引证的专利和非专利文献清单
摘要	摘要是对发明创造的简要概述
说明书	说明书是对发明创造的详细描述，包括发明背景等，并描述如何使所属技术领域普通技术人员无需创造性劳动便可制造和使用该发明
权利要求书	权利要求书是最重要的部分。它限定了专利的保护范围。授权专利中的权利要求书是经过审查员审查通过的。更完整的权利要求书可在专利申请和官方专利历史文档中找到。在美国，对权利要求书的解释应当以说明书为依据
附图	附图提供了要求保护的发明创造的细节
引用文献清单	申请人和审查员都可以引用专利和非专利文献作为现有技术。授权专利文件公布时，审查员引用的文献带有星号（＊）。审查员考虑过但未在专利中引用的参考文献是非常重要的，可以通过阅读官方专利历史文档中审查员的审查意见找到这些文献

阅读说明书和权利要求书的注意事项 尽管说明书的描述很详细，但是在解释权利要求书时，其内容只能作为参考。通常，专利申请人会试图将其说明书中的限定技术内容纳入到权利要求书中，"虽然说明书是解释权利要求书的依据，但是说明书中的限定技术内容不会用来解释权利要求书"。因此，权利要求书的措辞及其解释方式限定了发明创造的范围，也就是每件专利中具有法律约束力的部分。所以，在撰写权利要求书之前，专利从业人员应当以技巧、周密考虑以及现有技术状况的信息和资料（通过精心检索获得）为基础。作为检索人员，在确定是否在检索中引用某件专利时，应当对它的权利要求书进行认真地阅读和诠释。

专利历史文档的组成部分

专利局一般只公布授权专利的部分审查信息。为了对专利进行彻底和全面的研究，尤其是在形成专利有效性意见之前，必须参考官方的专利历史文档（参见图 1.1）。

US006212461B1

(12) **United States Patent**

Ghoneim et al.

(12) Patent No.: US 6,212,461 B1

(45) Date of Patent: Apr.3,2001

(54) EXTENDED BRAKE SWITCH SOFTWARE FOR VEHICLE STABILITY ENHANCEMENT SYSTEM

(75) Inventors: Yousskf Ahmde Ghoneim,Macomb Township,Macomb Counly;David Michsel Sldloskym,Huntington Woods, both of MI(US)

(73) Assignees: General Motors Corporation,Detroit; Delphi Technologies Ine,Troy,both of MI(US)

(*) Notice: Subject to any disclaimer,the term of this patent is extended or adjusted under 35 U.S.C154(b) by 0 days.

(21) Appl.No.: 09/322,041

(22) Filed: May28,1999

(51) Int.CI,' B60T 8/32
(52) U.S.CI, ... 701/70;303/183;303/191
(58) Field of Search 701/70,74,76, 701/34;303/122.04,122.05,177,183,191; 180/197

(56) References Cited

U.S. PATENT DOCUMENTS

5,480,221	*	1/1996	Morita et al.	303/113.5
5,720,533		2,1998	Pastor et al.	303/147
5,746,486		5/1998	Paul et al.	303/146

* cited by examiner

Primary Examiner-Michael J.Zanelli
(74) Anorney,Agent,or Firnt-George A.Grove

(57) ABSTRACT

A process is disclosed for use in amicro-processor managed brake control system that utilizes wheel speed sensors and a brake off/on switch when the system requires information as to whether the vehicle is experiencing hard braking. In accordance with the process, the average deceleration of the undriven wheels is estimated and the ship of each undriven wheel is estimated and the results are compared with pre-determined valucs for t hese parameters over a suitable test period. At the conclusion of these tests,the data may be used in place of data from a brake pedal position sensor or to confirm the data from such a sensor.

10 Claims 2 Drawig Sheets

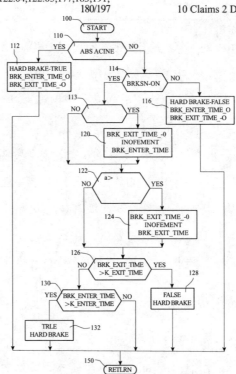

图1.1 美国专利扉页示例

8

第一章　专利检索的背景知识：专利法和审查

专利历史文档包括专利申请人和审查员在审查过程中的所有通信。除了专利公布时的信息资料外，历史文档还有提交时的权利要求书，审查过程中的权利要求书，关于专利性的主张和抗辩，上诉、申诉，审查员考虑过的参考文献，声明、行政文件以及具体技术的文件资料（如生物技术专利申请的序列表）。我们的研究显示，美国专利历史文档中可以获得超过70％的文件和著录（参见图1.2）。

US. 6,212,461 B1

7

If BRK_Enter_Time has reached the pre-set value, K, the process proceeds to block 132 in which it is established that the hard brake situation is in effect. HARD BRAKE flag is turned on or set as TRUE indicating to controller 68 that the brake pedal travel sensor has been actuated in a hard braking situation. The process then proceeds to Return block 150 and awaits the next process Start cycle.

The HARD BRAKE flag, or its absence, is then utilized in a brake control process, or the like, such as those described above. Alternatively, the flag is used to confirm that the hard brake sensor is working properly and the process need not be repeated until it is determined that such a test should prudently be conducted again.

Thus, the process of this invention provides an initial test of hard braking once it has been determined that the ABS is not active and the break off/on switch is ON. The initial test is a comparison of the average deceleration of the undriven wheels with a predetermined threshold value of this parameter. If this test shows the possibility of hard braking then a break test timer is started. A more comprehensive group of undriven wheel acceleration and slip tests are then undertaken to better demonstrate the presence or absence of hard braking. Depending upon the results of this three part test the test enter counter is incremented or the test exit counter is incremented. No flag is set, no decision is made until the process has cycled a predetermined number of times and given a consistent answer.

While the invention has been described in terms of a preferred embodiment, it will be appreciated that other forms of the invention could readily be adapted by those skilled in the art. Accordingly, the scope of the invention is to be considered limited only by the following claims.

What is claimed is:

1. A method of determining a condition of hard braking in a vehicle having a brake off/on switch and a pair of undriven wheels, the method comprising:

measuring the speed of each undriven wheel and determining the average deceleration of said wheels,

determining wheel slip values of the undriven wheels and

comparing said deceleration and slip values with predetermined threshold values of these parameters over a predetermined comparison period to determine a said hard braking condition.

2. A method as recited in claim 1 further comprising determining that the position of said off/on brake switch is on as a precondition to measuring said wheel speeds.

3. A method as recited in claim 1 further comprising determining that at least one of (a) the average deceleration of said undriven wheels and (b) a slip value of an undriven

8

wheel continually exceeds the respective threshold deceleration or wheel slip value over a predetermined comparison period before affirming a condition of hard braking.

4. A method as recited in claim 1 further comprising determining that the average deceleration of said undriven wheels and the slip values of both undriven wheels remain less than the corresponding deceleration and slip threshold values over a predetermined comparison period before affirming the absence of a condition of hard braking.

5. A method as recited in claim 1 further comprising using the result of the comparison of said deceleration and slip values in place of data from a brake pedal position sensor.

6. A method as recited in claim 1 further comprising using the result of the comparison of said deceleration and slip values to test data obtained from a brake pedal position sensor.

7. A method of determining a condition of hard braking in a vehicle having a brake off/on switch and a pair of undriven wheels, the method comprising:

measuring the speed of each undriven wheel and determining the average deceleration of said wheels;

making a first comparison test comprising comparing said average deceleration with a predetermined threshold value of said deceleration;

determining wheel slip values of the undriven wheels; and

making a second comparison test comprising comparing said deceleration and slip values with predetermined threshold values of these parameters;

said measuring, determining and first and second comparison steps being repeated over a predetermined comparison test period to determine the presence or absence of a said hard braking condition.

8. A method as recited in claim 7 further comprising determining that at least one of (a) the average deceleration of said undriven wheels and (b) a slip value of an undriven wheel continually exceeds the respective threshold deceleration or wheel slip value over a predetermined comparison period before affirming a condition of hard braking.

9. A method as recited in claim 7 further comprising determining that the average deceleration of said undriven wheels and the slip values of both undriven wheels remain less than the corresponding deceleration and slip threshold values over a predetermined comparison period before affirming the absence of a condition of hard braking.

10. A method as recited in claim 7 further comprising using the result of said repeated comparisons in place of data from a brake pedal position sensor.

・・・・・

图1.2　权利要求书示例

三思而后行：提交申请前需要考虑的事情

1492 年，哥伦布大叔开始远航时，只带了 Nina、Pinta 和 Santa Maria 三艘船和 120 名船员。为什么？

原因之一是，在寻找通往印度航线的旅程中，他无法确定会遇到什么情况。他的赞助者——西班牙——不想只根据他也许可能会取得成功的预期，就投入他们所有的资源。西班牙王室节俭地委托了一支"搜索队"，并让他们知道王室的期望。刚开始的时候，根本无法知道他的进展如何，以及可能遇到的障碍。

哥伦布带着他的"搜索成果"返回之后，费迪南德国王和伊沙贝拉王后便安心地派出了更多的人去进行更广阔的探索，因为他们此时已经了解了情况，没有什么可担心的了。

现在思考一下医生和患者之间的假定境况。为了解病情，医生为患者预定了一次全身诊断检查。他还进行了血液检测。这些检查的目的是为了排除患者疾病的可能原因。完成这些检查后，医生才可能找到位于患者腹部的恶性肿瘤。病人移除肿瘤后，没有复发，又多活了 20 年。

这些类比说明了蕴含于日常生活中的逻辑运算与专利审查之间的相同之处。如果有方法可以进行合理的预测或减轻不良后果，为什么要做出冒险的决定呢？

在提交任何类型的专利申请之前，无论是在美国还是在其他国家，申请人都应当进行至少一次全面的专利检索。如果操作得当，专利检索可以帮助申请人决定是否提交专利申请，辅助对权利要求书的解释，并预测在审查过程中可能出现的问题。

在专利审查之前，申请人应当进行专利性检索。如果有足够的时间和预算，还应当在申请提交之前进行现有技术检索或专利全景分析，后者将更好地确保申请人的努力不会白费。

本书将介绍专利检索的所有主要类型，以及实施的原因、时机和方法。相关论述将从第二章开始。

专利审查流程

进行恰当的检索之后，专利申请人会对权利要求书应当获得的保护范围，以及需要避免的权利主张有更好的理解和认知，并且有信心最终能够获得有价值的专利。

专利审查员的工作

概括地讲，专利审查员审查专利申请来判断其是否符合法律规定和程序的要求。各国的专利法有所不同。在美国，专利法由美国国会颁布。发生争议时，首先由美国专利商标局解释，之后则由联邦法院解释。

审查员遵循法院　通常，美国联邦巡回上诉法院（The U. S. Court of Appeals for the Federal Circuit）是主要争议的最终解释方。美国最高法院（The U. S. Supreme Court）几乎没有审理过专利案件。联邦巡回法院经常解释美国专利法，并不断影响专利申请的审查方式。这个过程是流畅的，永远不会停滞。

审查员遵循专利审查指南　在美国，专利审查员根据《专利审查指南》（Manual of Patent Examining Procedure，MPEP）审查专利申请。美国专利商标局通过发布《专利审查指南》，为"专利审查员、申请人、律师、代理人和申请人代表提供了与美国专利商标局进行专利申请审查相关实践和程序方面的参考工具书"。除了实践和程序，《专利审查指南》还包括了相关美国法律和法规等参考。

目前，专利局要求执业者在审查过程中遵循《专利审查指南》第四版。这对新的从业人员是善意的提醒，因为美国专利商标局通常准许考生参加以《专利审查指南》早期版本为基础的考试。比如，2006 年 10 月以前，考生需要掌握《专利审查指南》2.0 版本来通过专利代理人考试，但实际执业时则需要依据《专利审查指南》4.0 版本。

专利申请的行政处理 专利审查过程是漫长的，会在申请提交之后持续数年。在美国，申请人可以采用邮寄、面交和电子方式（通过 EFS - Web）提交申请。收到之后，专利初审局（The Office of Initial Patent Examination, OIPE）会扫描申请文件（如果以纸件形式提交），分配申请号，对文件进行形式审查，进行专利分类并分送至相应的技术中心（Technology Center，前身为技术组——Group Art Unit）进行审查。审查员进行审查并批准后，文件被传送到负责授权专利印刷的出版局（The Office of Publication，PUBS）。出版局专门为印刷准备案卷，然后交付签约印刷厂，每周四在官方公报（Official Gazette）发布公告，并将专利授权书邮寄给申请人。

实际的专利审查 实际的专利审查包括数轮审查。每一轮中，专利审查员都会评估最新修改的权利要求书，并将它们与大量的专利和非专利文献进行对比。然后，审查员确定主张权利的工艺、机械、方法、产品和组合物对所属技术领域普通技术人员而言是否具备新颖性、实用性和非显而易见性。

有时，专利审查过程开始于一个限制性要求，限定发明人只能对一项单一的发明进行审查。申请人必须做出选择。审查员依据申请内容发布的首次审查意见（first action of the merits, FAOM）是第一个实质性步骤。首次审查意见可能为申请人列明代表驳回理由的编号，包括美国专利法（美国法典第 35 篇，35 U. S. C.）101 条（实用性）、102 条（新颖性）、103 条（非显而易见性）和 112 条第 1 款（书面描述、新的客体、可实施性）和第 2 款（不确定性）。

通过发现发明人专利申请中遗留的问题和缺陷，每一次审查意见都会引导申请人更接近可批准的技术主题。

根据我们在专利局的实践经验，大多数审查员在审查意见中主要依据现有技术或美国专利法第 112 条第 2 款的"不确定性"作为驳回理由。比如，向技术中心 1600（生物技术）提交的专利申请就是这样。1600 的审查员有规律地依据美国专利法第 101 条"实用性"和 112 条第 1 款"书面描述和可实施性"发布驳回通知。除了引用通过专利性检索发现的专利和非专利文献中的技术外，一般都会以这些方式驳回（参见图1.3）。美国专利审查程序的具体步骤可参见图1.4。

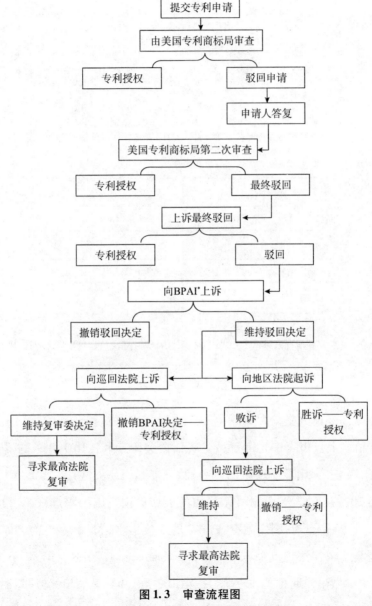

图1.3 审查流程图

* 专利上诉和异议委员会（Board of Patent Appeals and Interferences）

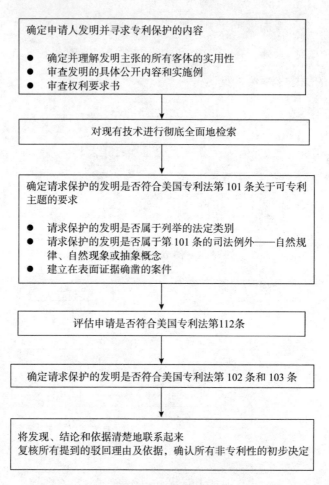

图 1.4　审查流程

坊间传闻，审查员要花大概一半的工作时间在对这些法规的应用上，另一半花在检索上。审查中，审查员主要依据美国专利法第 102 条的（a）款、（b）款、（e）款和第 103 条的（a）款（非显而易见性）。

第 102 条（b）款是最具杀伤力的驳回理由，因为它是法律禁止条款。如果相关专利或非专利文献存在于申请人最早申请日一年之前，即使发明人根据美国联邦法规（Code of Federal Regulations，CFR）第 37 节 §1.131或 §1.132 做出声明也无法克服根据第 102 条（b）款做出的驳回。

审查员对被引用专利和非专利出版物的审核　在美国，专利申请人有义务披露对审查员确定专利性有实质影响的所有已知的现有技术参考资料。申请人可以通过提交信息公开声明（Information Disclosure Statement，IDS）和 1449 表格来完成这项工作。除了亲自进行检索外，审查员还要对信息公开声明中的专利和非专利文献的相关性进行审核。信息公开声明提交的内容通常是申请人进行专利性检索的结果。

审查员进行发明人检索（重复授权检索，"Double–Patenting"Search） 虽然非常重要，但是专利局的检索方法根据技术领域、审查员个人经验和偏好的不同会产生很大的差异。没有通行的方法，大部分检索方法是非结构化的。但是，美国专利商标局要求审查员进行"发明人检索"，以发现可能出现的重复授权情况。审查员进行重复授权检索的范围是待审申请和已授权专利。

重复授权条款禁止一项发明的专利期限得到不适当地延长。换句话说，"重复授权条款试图防止超出专利期限之外对专利独占权的不合理延长"。

审查员们在专利检索中的相似之处仅限于重复授权检索。表 1.2 列出了他们的检索方法中可能会有所不同的地方：

表 1.2　审查员检索方法

审查员类型	普遍但非专有的检索方法
机械或电学	重点关注专利和非专利文献中发现的附图和图表
商业方法	特别注意互联网检索，因为许多商业方法具有跨领域的适用性
化学	重点关注专利和非专利文献检索，但是通常进行化学结构、核酸和蛋白质序列检索。他们可以向美国专利商标局的科学和技术信息中心（The USPTO Scientific and Technical Information Center，STIC）发送请求，经验丰富的检索人员会使用专有数据库向他们提供帮助
生物技术	查看申请日后公开的现有技术，以发现对理解生物技术固有的不可预见性有帮助的参考文献（第 112 条第 1 款的"可实施性"）。而且审查员需要根据现有技术确定专利申请是否满足第 101 条意义上的"众所周知的用途"的规定

审查员需审核专利性检索、重复授权检索和申请人检索结果（在 1449表格中）中的参考文献。如果是通过 PCT 提交的国际申请，审查员还需审

核国际检索报告（210 表）。

　　审查员应用参考文献　专利审查员会针对申请人的权利要求书应用参考文献。他会运用相关的专利法律法规并通过审查意见与申请人的律师或代理人沟通。

　　阅读审查员的审查意见后，为了使专利获得授权，申请人可以按照审查员的指示修改权利要求书；也可以为了进入继续审查阶段而选择放弃申请；或者就审查员的意见向美国专利商标局专利上诉和异议委员会提出上诉。

　　如果上诉委员会维持审查员的驳回决定，申请人还可以继续上诉至美国联邦巡回上诉法院。实践中，很少有申请人会对审查员或上诉委员会的决定提出上诉。

　　实际上，申请人一般会放弃申请，然后通过继续申请审查发明主题，或者通过修改权利要求书使专利获得批准。如果对授权专利的保护范围不满意，申请人也可以提交继续申请尝试第二次审查。

　　另外，在专利授权后重新审查专利性决定时，美国国会允许美国专利商标局通过再颁程序（Reissue Proceeding）或再审程序（Reexamination Proceeding）发挥有限的作用。

专利授权之后

　　专利授权后的第 3.5 年、第 7.5 年和第 11.5 年是维持费缴纳年度。美国专利商标局不会提醒专利权人缴纳维持费。如果未按时缴纳，相关专利将提前终止。

　　另外，随着专利的授权，新的潜在价值和发展机遇会以许可协议的形式呈现在专利权人的面前。因为专利是财产权，同其他形式的财产一样，它可以用来买卖、抵押或遗赠。

　　专利在授权之前就可以进行许可。由于专利性的高标准，许可方通常会在专利还未授权时就商定许可费用。有时，这对被许可方而言有点赌博的意味。但通过率先向市场展示新的技术，他们可能在营销中获得先行优势。

专利申请的积压问题

不少专利局都面临待审申请的积压问题，这种情况在美国尤为突出。目前，据称美国专利商标局积压了 60 万件专利申请，并在加快审查速度方面绞尽脑汁。"平均每件专利的审查时间是 24.6 个月"，大大超过专利局 14 个月的目标。

为此，专利局连续招聘创纪录数量的审查员并采取其他措施改善目前的窘境。其中之一是通过雇佣承包商协助专利检索并审查 PCT 国际检索报告（PCT/ISA 210 表和 237 表）——该措施始于 2005 年 10 月的 PCT 试点检索项目。之后，美国专利商标局将该试点项目延长为与合格商业检索供应商的长期合作。

我们认为，美国专利商标局需要对审查程序做出更为显著的改变以应对积压问题，以保证对高质量和专业化专利检索的需求。

随着更多的信息进入公知领域以及全球专利体系的日益协调，专利保护将产生更多的回报机会。

第二章 专利检索的种类

本章介绍了专利律师用来评估专利性、有效性、侵权、确权以及现有技术状况时使用的各类检索；包括每种检索类型的定义，并对检索时机、为确保检索完整性所需审查的现有技术类型提出了建议。本章内容不涉及检索方法。

专利性

什么是专利性检索？

专利性（Patentability）检索（新颖性检索）是在专利申请提交之前实施的。专利性检索可以帮助专利律师或代理人评估一项发明是否可以获得专利，并发现与评估有关的专利和非专利文献。

专利性检索试图确定在关键日之前，是否有任何人在世界任何地方披露了发明构思并为公众所知。该过程包括对现有技术的检索。

为了获得美国的专利，发明必须具备新颖性、非显而易见性和工业实用性。

工业实用性是进行专利检索的先决条件。我们完全没有理由为一项物理上不可能的发明创造进行检索，比如时间机器。

专利检索人员主要关注发明的新颖性和非显而易见性，查找可能影响发明新颖性，或证明发明对所属技术领域普通技术人员是显而易见的书面证据。这意味着他们要识别并确定完全相同的发明；如果可能的话，还有任何人先前披露的发明特征。

何时需要进行专利性检索?　在准备和提交专利申请之前，实施专利性检索会很有价值。检索结果将帮助申请人判断申请人是否能寻求专利保护，并指出审查过程中可能出现的问题。

专利性检索还可以帮助专利申请的撰写人在不触犯已知现有技术的前提下构建权利要求书，获得尽可能大的保护范围。换句话说，通过检索人员发现的相关专利和出版物，权利要求书撰写人可以判断可能获得保护的绝对范围。

专利申请文件起草之前是没有权利要求书的，检索结果将取决于最终用户需求的具体性和明确性。在审查过程中，这会变得非常重要，因为对权利要求书的解释将影响申请人的知识产权保护范围。

在美国，专利性检索并不是提交专利申请的强制要求。虽然我们强烈建议在提交前进行专利性检索，但我们至少知道两个事先未能实施这种检索的原因。

1. 通过教育、会议、实验、阅读书籍和期刊，发明人对相关技术非常精通，恰好了解现有技术状况。自认为无需专利性检索，就可以确认一项发明具备显著的进步。

2. 专利申请人非常紧急。申请人推测其他人也非常想就同样的发明获得专利保护，因此需要迅速提交申请。与采用"先发明原则"的美国相比，这种情况在采用"先申请原则"的国家更为常见。

第一个理由缺乏远见，没有人能确切知道何人正在何时何地发明什么。第二个理由则比较可以理解。尽管如此，我们仍然建议在专利审查之前或期间的某个时刻实施专利性检索，为你真正地就发明构思获得专利提供一些保证，避免以后可能的昂贵诉讼，并在审查权利要求书时有所帮助。

专利性检索需要检索什么内容？　因为任何有关的书面证据都可能影响发明的新颖性和非显而易见性，所以你应当检索完整的专利说明书、权利要求书，以及所有可能得到的技术和非技术出版物（比如产品说明书和会议论文集等），包括专利申请日以前的所有书面材料；如果申请尚未提交，则是当前所有的书面材料。检索范围和投入时间则根据你的可支配时间、预算以及相关信息的公众可得性决定。

大多数国家的专利机关在评估新颖性时，依据的是一项发明是否在世界任何地方获得了专利或已在出版物中公开。因此，你应当检索所有主要专利机构的专利和已公开专利申请，如果时间允许，还应包括其他国家。

专利申请人和他们的法律顾问过于频繁地将检索范围仅限定于几个国家（比如只检索美国专利），或许是指望通过专利局的检索来填补空白。这是一个重大错误，并且是一些专利被轻易判定无效或成为诉讼目标的罪魁祸首。

虽然专利性检索可以随着发现完全相同的发明而结束，但仍然还需要通过其他类型的检索才能实现真正意义上的穷尽。也就是说，要试图发现所有与公开范围有关的现有技术。穷尽检索包括对专利有效性的法律检索、专利侵权检索和现有技术状况检索。

为了能够成功地检索，检索人员需要了解什么？　专业检索人员对发明的细节和创新点了解得越透彻，检索得到的结果就越好。这种说法毫不为过。检索人员没有发现的现有技术也许会在以后麻烦不断，因为遗漏的关键现有技术将来可能会使已授权专利被宣告无效。

有 效 性

什么是有效性检索？

有效性（Validity）检索（也可称为"无效性检索"）用来确定发明产

生时的绝对新颖性。因此，可以认为有效性检索是在专利申请公开或专利授权后进行的彻底的专利性检索。这种检索可以根据所有现有技术确认权利要求书的有效性。

何时需要进行有效性检索？　有效性检索的目标是搜寻因审查过程中的疏忽或对现有技术的隐瞒而导致专利被错误授权的证据。有效性检索通常是潜在专利侵权或商机的结果。

示例：

1. 无效。一家汽车公司被起诉专利侵权。作为回应，该公司对起诉方的专利进行了无效性检索。比如，Fast Car 公司正在销售一款配备某种扰流板的车辆。Sleek Car 公司拥有一件未到期专利，主题正是这款车辆与扰流板的组合。于是，Sleek Car 的法律顾问告发 Fast Car 涉嫌侵权。Fast Car 进行无效性检索后告知起诉方涉案专利是无效的，因此不能主张权利。他们引用了在专利提交前披露 Sleek 专利主题的现有技术，而在 Sleek 专利的审查过程中并没有考虑这些专利文献。

2. 诉讼准备。被侵权专利的所有权人正在考虑发起一场诉讼。在准备过程中，公司实施检索以确认作为诉讼先锋的专利的有效性。例如，Sleek Car 公司拥有一件未到期专利，技术主题为装配特定类型扰流板的特定款式车辆。他们发现 Fast Car 公司正在销售这种产品。在发起成本高昂的诉讼之前，Sleek Car 需要确保能够获得圆满的结果。该公司还预计 Fast Car 会以主张涉案专利无效作为抗辩手段。因此，Sleek Car 实施了有效性检索来确认专利权的可行使性，并试图发现可能会被 Fast Car 用来对抗专利的先前未知的现有技术。

3. 许可。被许可方通过有效性检索来确保许可费的合理性。另一方面，因为知道高防御性的专利可以收取更高的许可费，专利权人（许可方）也实施了有效性检索。比如，Fast Car 公司想销售装配扰流板的汽车，并相信他们在进入零部件市场方面会处于有利地位。与此同时，Sleek Car 公司拥有相关的专利，但并不打算制造或销售这种产品。为了获得该专利产品的许可，Fast Car 愿意向 Sleek Car 支付许可费。但他们担心其他汽车制造商会迅速复制成功的产品；如果其他竞争对手因专利无效而可以自由地复制，那他们也无需支付许可费。因此，在同意许可费金额之前，Fast Car 公司进行了有效性检索。而另一方面，由于了解高防御性的专利可以收取更高的许可费，Sleek Car 公司也在进行有效性检索。

有时，在你的专利被授权后，另一件专利会在侵权检索中引起你的关注。那件专利的权利要求书也许比你的保护范围更宽，并完全覆盖你的发明。为了避免将来可能的诉讼，你希望能获得那件专利技术的许可。不幸的是，该专利的专利权人对你提出的许可要求没有兴趣。

为了无效掉竞争对手的专利，你可以实施有效性检索。虽然可能无法阻止专利侵权诉讼，但是如果一旦竞争对手起诉，有效性检索可以为判定的损害赔偿金额提供一些保护。无效性的认定过程并不繁琐。如果能够证明专利是无效的，就可以证明你并非故意侵权。

有效性检索需要检索什么内容？ 这种检索的基础是权利要求书（发明专利）或附图（外观设计专利）。对涉案专利要求的最早优先权日之前的专利和非专利文献都需要进行检索以确定其关联性。也就是说，除了在此关键日期之后公开的文献以外，你分析的文献与专利性检索相同。

这种检索将包括在关键日当天或之前提交的完整的专利说明书和权利要求书，还包括所有在那个关键日当天或之前公开的技术或非技术文献。

就美国专利而言，关键日是指：

- 一件美国专利或者包括待审权利要求书的公开申请的申请日；

- 相当于美国专利或申请的国外或 PCT 申请的公开日——如果该公开日先于其美国申请日，并提交了要求国外优先权声明；

- 通过提交包括待审权利要求书的专利申请建立的优先权日，比如，涉及专利为继续申请或部分继续申请时，可适用此情况。

有时你还需要检索关键日期之后的现有技术，这样可能会发现稍晚于优先权日公开的参考文献。实际上，这些文献也许在印制的公开日之前就处于为公众可得的状态。如果你是非律师检索人员，应该在检索之前，与委托律师就关键日期达成一致。

侵　权

什么是侵权检索？

侵权（Infringement）检索用来判断一件可执行专利的权利要求书是否主张了与你的创意或非专利技术相同的技术主题。此类检索涉及的文献只包括未到期（有效）专利。

理想情况下，在检索开始之前，就应当将书面的权利要求书与相关有效专利的权利要求书进行对比。如果没有书面的权利要求，你可以根据书面说明书起草一组虚拟的权利要求。阅读专利权利要求书所公开的技术主题，可以说就是阅读待检索的真实或虚拟的权利要求书。

虽然专利赋予了权利人专有权，但是当要求保护的主题被另一件授权专利全面覆盖时，它并不能明确提供实施本发明的权利。

宽泛地讲，侵权检索包括以下内容：

- 为申请人提供与其拟申请主题相同的美国专利（如果他们将在美国申请）；

- 包括检索所有可行使权利的（一般为申请日前至少 20 年）美国专利和已公开申请的权利要求书；

- 将申请人拟提交的权利要求书（通常为独立权利要求）与已公布或待审专利进行对比；

- 将申请人的权利要求书，与在专利中发现的覆盖申请人发明的更宽的权利要求进行对比。

在分析时，可以采用权利要求对照表对有效专利的权利要求书和公开的主题进行比较。该方法将在第五章介绍。

何时需要进行侵权检索？ 在制造、使用、销售一种你怀疑存在专利的技术产品或服务之前，需要进行侵权检索。因为权利要求书是侵权检索的关注重点，所以，有时在专利申请的权利要求书撰写之前也会进行这种检索。

美国是采用"先发明原则"的国家❶。有些公司会密切关注他们的竞争对手，阅读竞争对手提交的每件公开专利申请的权利要求书，之后，在他们自己的申请中逐字照抄这些权利要求书并提交由此产生的专利申请。在你确信自己是先发明者并付诸实施时，这些就已经做完了。如果你非常有把握证明自己是先发明者，那么，这对那些申请人提出异议将是非常有效的方法。

侵权检索需要检索什么内容？ 专业的侵权检索针对所有有效专利和专利申请的权利要求书。你应当检索被控侵权国或专利机关的专利文献。除非另有指示，否则，你无需检索期满专利或因未支付维持费而提前失效的专利。你也无需检索非被控侵权国或专利机关的专利文献，更不用检索非专利文献。

你不仅应当设法查找保护范围完全相同的专利，还应当努力发现保护范围更宽的专利。比如，如果新近公布的专利涉及一种制造卡布其诺的方法，而侵权检索发现一件较早的专利涉及一种制造咖啡的方法，那么该专利就存在侵权的可能性。

许多专利律师非常重视可以帮助他们评估侵权的附加信息。比如，任何相关专利的最新法律状态会对侵权意见的倾向产生影响。专业的专利检索人员经常会提供相关专利的补充信息，比如专利调解和期限的延长。

近几年，较大比例的美国专利被裁定有效并被侵权。这种有趣的现象正是立法的结果并成为美国联邦巡回上诉法院的主流以及美国判例法的趋势。

---

❶ 译者注：根据修改后的新专利法，美国专利制度已采用"先申请原则"，放弃"先发明原则"。

确　权

什么是确权检索？

确权（Clearance）检索（"有权使用"或"自由使用"检索）用来判断当事人是否可以"自由地"制造、使用和销售发明构思。确权应当在专利还未被侵权或未到期之前确立。

何时需要进行确权检索？　确权检索应在新产品引入市场之前实施。目的是在制造、使用或销售某产品或方法之前，机构能够避免被起诉侵权。此外，为了更有保障，如果可能的话，机构的经营决策应当由专利或公知领域的公开信息支持。

确权检索通常附有专利律师起草的确权意见书。该意见书会对侵犯某件专利或待审申请的权利要求书的可能性做出预测。

由于权利要求书直接关系着保护范围，因此，权利要求书会在专利有效期内承受地毯式的检查。在起草权利要求书时，应当充分体现发明人对该技术保护范围的要求。

确权检索的范围比侵权检索更为广泛。因为你还要设法确定相关技术是否在世界其他地方使用或受到保护（不仅是可能发生侵权的国家），是否无需获得许可或不会被控侵权就能够自由使用。

专利只能在其授权国或地区内行使权利。比如，你在甲国获得了专利，但在乙国并没有专利保护。随后你或许会发现，在甲国受到保护的创意已经在乙国广为实施。

通过非专利文献，确权检索也许会发现还有谁正在实施你的发明。你还有可能发现多重专利权的存在，即同样的发明在多个国家获得专利。在这种情况下，其中有些专利可能是无效的，因为通过专利性检索会发现其他专利未被引用为现有技术。

这种检索还可以发现潜在的未开发市场。因此，专利权人或申请人可以在那里获得申请，从而制造、使用、销售或许可他们的发明。

这种检索也可以在专利授权后实施。尤其是因为审查过程可能会耗费数年，现有技术状况在这段时间会不可避免地发生变化。当你想到大部分专利申请必须自优先权日起 18 个月公开时（此时同一件申请也许还在审查中），专利权人对公众利用已公开技术做了些什么进行调查就变得非常重要。专利权人越早知道美国或国外的潜在竞争，就可以越早开始对它提出异议并保卫自己的资产。

确权检索需要检索什么内容？ 就需要查阅的专利和非专利文献的范围，以及应当对可执行专利的权利要求书给予的关注而言，你可以认为确权检索是专利性检索和侵权检索的结合。除非另有指示，否则专业的确权检索包括对全球专利和已公开专利申请的审查，包括期满的和未到期的，以及所有可得到的非专利文献。目的是发现存在于公知领域可以自由使用的内容。

确权检索主题可以是真实或虚拟的权利要求书。但是，与侵权检索截然相反，你应当认真考虑技术主题的实际应用。

现有技术状况

什么是现有技术状况检索？

现有技术状况（State of the Art）检索是对所有可得的专利和非专利文献进行的全面检索。检索人员不关注单一的发明，而是收集与特定技术领域有关的所有参考文献，然后，技术资料应当能反映当前的"现有技术状况"。这种检索往往会涉及大量的参考文献。

这种检索的深度和广度取决于开始时对相关技术定义的精确性。如果定义的技术范围是"液晶显示器"而不是"有源矩阵液晶显示器"，你将会需要阅读更多的专利并耗费更多的时间在这个项目上。

为了全面且富有成效，我们发现在检索中扩大或缩小范围是非常有帮助的。这将是一个反复的过程，即使你对需要检索的技术已有精确的理解。

何时需要进行现有技术状况检索？ 有些科学家和产品开发团队需要通过对现有技术状况检索来确定研发方向；业务开发团队会在技术推广或进行许可之前进行此类检索；有些公司是为了重新评估其专利组合的价值以及对合资企业的技术贡献而进行此类检索；有时这还有助于提示战略性业务收购的机会。

许多专利律师相信全面的现有技术状况检索比更有针对性的新颖性检索更有帮助，他们利用这种检索来协助完成专利性法律意见书。你实施或委托的检索应取决于你期望达成的业务或法律需求。

现有技术状况检索需要检索什么内容？ 现有技术状况检索通常包括全球专利、已公开专利申请以及非专利文献。同侵权检索一样，它并不局限于有效专利。虽然如此，每次检索仍然需要根据检索委托方的目标进行定制检索范围。

如果你知道一些重要事件，比如创造了新产业的专利，你的检索也许就应该从那里开始。比如，检索 Cohen/Boyer 专利（U. S. 4,237,224）申请日之前的 DNA 重组（基因剪接）技术就是没有必要的。此时，你的检索应当从 1980 年开始。

尽管这种检索关注于现有技术的当前状况，但对同样的技术进行长期关注时，通常也被称为"汇总检索（Collection Search）"。

专利全景

什么是专利全景检索？

专利全景（Patent Landscape）研究是一种非常综合全面的现有技术状

况检索，是在完成现有技术状况检索后，对专利和非专利文献所做的深度分析。这种研究通常包括将专利划分为基础发现和后续改进，可视化显示一段时期内的专利活动，技术发展历史，甚至分析发明人的合作情况。专利全景研究还可以进一步发现特定时期内的关键创新团队。

这种方法经常被用来判断是否进入特定的研究领域。通过提供特定技术领域的专利活动概况，专利全景可以大大提高你的经营决策能力。作为竞争情报，专利全景研究确实可以用来预知并防止将来的产品侵权责任。专利全景研究可以帮助：

- 监控感兴趣的市场；
- 发现差距并完善研发；
- 确定可能具有重要商业价值的专利；
- 确定目前处于公知领域的发明；
- 更好地了解目前的竞争对手，并发现未来的竞争对手。

现有技术检索的价值

概括而言，前文介绍的专利检索是很有意义的。你实施或委托的检索将反映你的目标。在完成之后，你会对你的商业和法律选择有更好的认知。尽管如此，检索本身仍然不能取代必须由专业法律顾问出具的法律意见书。

你的处境和选择可能包括：

- 高枕无忧——安心地按预定计划进行，因为没有发现现有技术，也没有存在侵权风险的专利；

- 避免危机——可能存在侵权风险，需要申请人重新评估专利审查的意向。可以选择审查发明人研究成果的其他部分，因为你已经在检索结果中发现其具有授权前景；

- 不要独行——一次全面彻底的自由使用或现有技术状况检索发现

28

了相关发明人或公司，可以与他们就诉前许可进行商讨或就未来的产品开发和营销进行合作；

- 勿留遗患——在新颖性检索中发现了现有技术，但可以通过修改权利要求书来避免该文献导致的驳回。另外，还应当向专利局提交这件现有技术，以便记录在案并最终在专利的扉页上公布；

- 内部挖潜，物尽其用——专利全景研究显示，除了对发明创意获得专利外，将申请人已有的部分专利许可给特定的公司也许可以带来更大的收益；

- 另辟蹊径——小型企业可以通过发现潜在的被许可方进行产品营销；

- 他山之石——有的发明人在你感兴趣的研究领域非常成功，可以联系他们寻求合作。

第三章　检索方法

本章介绍了实施检索的有效方法，包括专利检索的各种方法，建议了判断专利文献关联性的标准和方法，探讨了专利相关组成部分在确定关联性时的重要性，并介绍了专利分类号、全文数据和引证检索的优势，以及不同类型检索主题的特有问题及解决方法。

引　言

在数字化的专利信息得到应用之前，专利检索只能根据可用的分类号和索引系统，对纸质专利文献进行人工查阅。在美国，专利检索就是逐件地翻阅储存在美国专利商标局档案柜里的专利。你只能依靠专利分类体系的指引在茫茫专利档案中摸索。被错误分类的专利经常会被遗漏。最初的专利检索其实就是专利分类检索。

随着专利信息数字化的到来，文本检索已经成为专利检索的组成部分；对一些从业者而言，甚至是唯一的途径。由于可以对所有的专利分类领域（不是手工情况下只能对单一分类号进行检索）同时进行文本检索，有的检索人员在工作时会完全依靠文本检索。他们认为，文本检索的目标性更强，并且可以捕获"异常的"被错误分类的专利；而在精确分类号下的检索很有可能会遗漏这些专利。一般而言，文本检索就是输入任意文本并获取结果的查询过程。

文本检索不只是对专利正文中的文本短语进行匹配，而且其检索范围可以覆盖专利的所有数据字段，包括发明人（Inventor）、申请日（Filing Date）、受让人（专利权人）（Assignee/Owner）等。

除了文本查询之外，可检索专利信息使引证检索（Citation Search）变得非常方便。如后文所述，引证检索是对引用相关专利或被相关专利引用的文献的检索。

专利活动以惊人的速度持续增长，可用的专利信息也同样如此。目前专利信息的绝对数量不仅体现了基础科学的进步，也说明对每个新的重要发现所做的改进和发展越来越多样化。总之，各项发明创造的变化越来越多。

结果，仅仅因为创新的速度和广度，成为真正的技术主题专家已经变得比以往任何时候都更为困难了。专利信息的数据量使线性的、直截了当的检索方式毫无招架之功。

在开始检索之前，你必须始终铭记以下信条：

* 专利检索是一个学习的过程；
* 专利检索是一个不断反复的过程。

检索人员或情报学家将学会：比如，在检索过程中交替使用发明中的实施例等。检索人员必须通过这些知识不断改善他们的检索方法。

在现有技术检索中，恰当地使用三种基本检索方法非常关键——分类检索、文本检索和引证检索。

该原则的适用有一个例外，当检索新兴技术时，相关的分类表也许会有所滞后。在这种情况下，相应的分类表下没有它们应该有的子类或小类。我们将在后文的生物技术检索部分探讨这个问题。

本章通过介绍检索步骤对专利文献检索的系统化方法进行了阐释。但是，更多的篇幅将集中于如何为检索做准备，包括确定适当的主题范围、适当的分类领域，以及生成合适的初始文本查询语句。这些步骤对有系统、有条理地完成检索非常重要。

另外还请注意，在确定检索范围或实施检索过程中，论述评估检索表达式效果的措施时，本书假定相关检索人员熟悉并正在使用电子检索引擎。

按照定义来讲，发明是一种发现（Discovery 或 Finding）。但是，专利领域的许多从业者认为发明只是一种被认为具备实用性、新颖性和非显而易见性的发现。为了明确起见，本章使用术语"发明"来描述以专利检索为目的提供给检索人员的创意或想法（Idea）。根据检索应用种类的不同（参见第二章），其来源形式可能是一次简单的、非正式的披露，也可能是一件完整起草的专利申请或一件授权专利。

适当的检索范围

确认主题特征：问题解决方法

需求是发明之母。所有的发明向来都是通过解决问题来满足需求的。问题的解决方案包括本发明是什么（What the invention is）以及本发明做什么（What the invention does）。在着手进行检索之前，必须要明确两者之间的区别。

确定检索范围时，你首先应当通过思考下列问题，将发明提炼出独立的、可检索的特征：

- 本发明解决的问题是什么？
- 本发明是什么？
- 本发明做什么？

如果这些看起来过于简单化，那么通过下面的练习，你将领会全面、准确地回答这些问题的重要性。

我们以一件发明为例来说明这种方法。此例将有利于传达本章的一些观念和思想。让我们从"高速汽车追捕"开始。

High speed police chases are a danger to people and property. The amount of time a high-speed chase continues will increase the chances of civilian or material harm. To prevent these chases from occurring, the need has arisen for a remote car disabling mechanism used by police officers to impede the progress of the getaway car. The mechanism would incorporate a tamper-proof receiver installed by default in every automobile upon manufacture that responds to the signal from a transmitter to cut the fuel supply and ignition to the engine. The receiver is connected to a relay that may cut off power to a vehicle's electric fuel pump or activate a cutoff valve. The relay also cuts power to the ignition pack or distributor. Transmitters and control modules are installed in all police vehicles. The officer may use the control module to select the vehicle that requires disablement by identification (e.g., license plate number) and transmit a fuel-cutoff signal to the appropriate vehicle. The officer may be in a police vehicle such as a patrol car or helicopter.

参考译文：警察高速追捕对平民的生命和财产而言非常危险。高速追捕持续的时间越长，平民和财产受损害的风险就越大。为了防止此类追捕的发生，用于阻止逃逸车辆行进的警用远程（遥控）汽车禁用装置的需求已经出现。该装置包括由生产商默认安装于每辆汽车上的防篡改接收器，接收器会响应发射器的信号并切断发动机的燃料供给和点火装置，与继电器连接，继电器可切断车辆电动燃油泵的动力，或者激活截油阀。继电器还可切断点火包或配电器的动力。发射器和控制模块安装在所有警车中。警察可以使用控制模块通过识别标记（如，车牌号码）选择需要禁用的车辆，并向其发出能源切断信号。警察可以在警车或直升飞机等警用交通工具中。

参见下表对上述案例中关键问题的答案。

本发明解决的问题是什么?	High - speed **police chases** are a danger to people and property	参考译文	**警察高速追捕**对平民的生命和财产而言非常危险
本发明是什么?	A **control module**, a **transmitter**, a **receiver**, optionally a **valve**, and at least one **switch**		一个**控制模块**、一个**发射器**、一个**接收器**，一个**阀门**（视情况可选），至少一个**开关**
本发明做什么?	**Remotely disables** a **car** in motion by **cutting off the fuel** supply and **ignition**		通过**切断燃料**供给和**点火装置**，远程（遥控）禁用行驶中的**车辆**

在回答这些问题时，你会发现表中重要的关键词均以粗体呈现。

在回答"本发明是什么?"的问题时，可以很简单地用"一种装置，可通过切断燃料供给和点火装置来远程（遥控）禁用车辆"之类的答案。但是，这样并没有描述发明具体是什么。如果你要组装表中的发明，你会看到什么呢?

你会看到组成这个装置的零部件——控制模块、发射器、接收器，阀门和开关。看着列表中的这些物件，你也许根本不知道它们是如何在一起工作的。（这说明了准确回答这些问题的重要性。）

如果这项发明是一种方法，那么认真仔细地区别"本发明是什么"和"本发明做了什么"会更加重要。

思考下面这个例子：

The invention is a method for a law enforcement officer to stop a high - speed police chase by first selecting the vehicle to be disabled from the pursuing police vehicle, sending a disabling signal to the getaway vehicle, and cutting off the fuel supply and ignition to the getaway vehicle.

参考译文：本发明涉及一种执法人员用来结束警察高速追捕事件的方法，所述方法首先从警用交通工具上选择需要被禁用的车辆，向该逃逸车辆发送禁用信号，并切断该逃逸车辆的燃料供给和点火装置。

下表是对前述关键问题的回答。

本发明解决的问题是什么?	High – speed police chases are a danger to people and property		警察高速追捕对平民的生命和财产而言非常危险
本发明是什么?	A method having the steps: 1. Selecting the getaway vehicle 2. Sending a disabling signal to the getaway vehicle 3. Cutting off the fuel supply and ignition to the getaway vehicle	参考译文	该方法涉及以下步骤: 1. 选择逃逸车辆 2. 向逃逸车辆发送禁用信号 3. 切断所述逃逸车辆的燃料供给和点火装置
本发明做什么?	Remotely disables a car in motion by cutting off the fuel supply and ignition		通过切断燃料供给和点火装置,远程(遥控)禁用行驶中的车辆

生成关键词　　回到我们最初的例子,所述发明本身是一个解决方案。解决方案包括发明实质是什么以及发明可以做什么,可分别称为发明的"结构"和"功能"。因此,上述关键问题可以通过创建下面的发明关系图模板进一步展开:

	问题	High – speed police chases are a danger to people and property		警察高速追捕对平民的生命和财产而言非常危险
解决方案	是什么?(结构)	Control Module Transmitter Receiver Valve Switch	参考译文	控制模块、发射器、接收器、阀门、开关
	做什么?(功能)	Remotely disables a car in motion by cutting off the fuel supply and ignition		通过切断燃料供给和点火装置,远程(遥控)禁用行驶中的车辆

这个简单的工具可以作为模板,在研究讨论初始关键词时使用。这些关键词并不是实际的检索表达式,但是可以用来组成检索表达式。这种方法可以用来彻底捕获与该发明有关的所有关键词。

关键词包括与发明各部分有关的同义词和对等词(Synonyms and Equivalents)。它促使你有条理、有系统地处理发明的每一个部分。对等词与同义词不同,它们是可替换的部件或方法,使发明以相同的方式工作并达到相同的目的，可以被认为是发明的可替换实施例。比如，如果发明涉及一种以书写为目的，使一种物质沉淀于表层的手持装置，所述物质可以是墨水、石墨、木炭、蜡或其他。由于所述发明的目的是书写，因此胶水不能作为合适的等同物被纳入其中，虽然装有胶水的手持装置非常普遍。下面是前述案例的完整关系图，包括可能的对等词和同义词。

请特别关注，与原始发明说明书中包含的粗略信息相比，通过研究讨论搜集到了更多的信息。这也说明，没有预先对发明进行详细分析就直接进行检索的风险会有多大。在本章后面的内容中，我们会重新探讨用于文本检索表达式生成的发明关系图。

<table>
<tr><td colspan="3">问题</td><td>Police, Law Enforcement Chase, Pursuit, Pursue</td><td rowspan="11">参考译文</td><td>警察、执法追捕、追击、追赶</td></tr>
<tr><td rowspan="10">解决方案</td><td rowspan="10">是什么（结构）</td><td rowspan="4">控制模块
(Control Module)</td><td>Control, Module, Terminal, Computer, Station</td><td>控制、模块、终端、计算机、电台</td></tr>
<tr><td>Identify, Locate, Determine, Match, Choose, Select, Find</td><td>识别、定位、确认、匹配、选择、挑选、发现</td></tr>
<tr><td>Screen, Display, Keypad, Touchpad, Interface</td><td>屏幕、显示器、键盘、触摸屏、界面</td></tr>
<tr><td>Chase Vehicle, Pursuing Vehicle, Police, Law Enforcement</td><td>追逐车辆、追赶车辆、警察、执法</td></tr>
<tr><td rowspan="3">发射器
(Transmitter)</td><td>Radio, Infrared, Ultrasonic, Wi-Fi, Bluetooth, Satellite, Laser</td><td>无线电、红外线、紫外线、无线网络、蓝牙、卫星、激光</td></tr>
<tr><td>Transmit, Send, Signal, Message, Data</td><td>发射、传送、信号、信息、数据</td></tr>
<tr><td>Pursuing Vehicle, Chase Vehicle, Police, Law Enforcement</td><td>追逐车辆、追赶车辆、警察、执法</td></tr>
<tr><td rowspan="3">接收器
(Receiver)</td><td>Radio, Infrared, Ultrasonic, Wi-Fi, Bluetooth, Satellite, Laser</td><td>无线电、红外线、紫外线、无线网络、蓝牙、卫星、激光</td></tr>
<tr><td>Receive, Reception, Signal, Message, Data</td><td>接收、接收、信号、信息、数据</td></tr>
<tr><td>Getaway Vehicle, Pursued Vehicle</td><td>逃逸车辆、被追捕车辆</td></tr>
</table>

续表

				参考译文
做什么（功能）	阀门（Valve）	Valve, Restrictor	阀门、限流器	
	开关（Switch）	Switch, Relay	开关、继电器	
		Remote, Range, Distance	遥控、范围、远程	
		Disable, Impede, Block, Prevent, Inhibit, Restrict	禁用、阻止、阻塞、制止、约束、限制	
		Vehicle, Car, Truck, Van, Automobile	交通工具、轿车、卡车、小货车、汽车	
		Cut off, Shut off, Turn off, Disconnect, Break	切断、关掉、关闭、断开、中断	
		Fuel pump, Fuel line, Fuel injection, Fuel injector	燃料泵、燃料管、燃料喷射、喷油器	
		Ignition, Distributor, Spark, Plug, Wire, Battery, Power, Electric	点火装置、配电器、点火、火花塞、电线、电池、动力、电力	

选择分类领域

如前文所述，专利检索最初的形式就是借助专利分类领域进行检索。因为设计专利分类体系的目的就是协助进行专利检索，所以可以把它们作为很好的起点。

我们从美国分类体系开始，因为美国专利商标局的专利审查员会帮助公众（除了在无效性检索中）在含义模糊的大类和小类说明中"航行"和选择。另外，一旦确定需要检索的美国分类领域，就很容易通过《美国专利分类与国际专利分类对照表》（Concordance U. S. Patent Classification to International Patent Classification）找到相应的国际专利分类号（International Patent Classification，IPC）。

美国专利分类（U. S. Patent Classification，USPC）体系 美国专利商标局根据下述方法进行专利分类，包括：

- 产业或用途（如，"金属铸造"）；
- 最接近的功能（如，"配药"）（基本的、直接的或必要的）；

- 效果或产品（如，一种制造方法的产品，或一种可以产生重复效果的系统，比如"饼干切块机"或"电话系统"）；

- 结构（如，一个化学结构式或一种金属合金）。

每一个专利分类的构成都遵循其中的一个或多个原则。不过，就这一点而言，你会发现美国分类表并不是完全一致的。比如，在大类5—床—小类635"……与一张桌子组合（combined with a table）"下的专利实体上连接着一张桌子，所以该小类本质上是结构性的；但小类637，"……用来固定头部或颈部（adapted to immobilized head or neck）"则通过任意结构的装置来完成固定头部或颈部的功能的专利，因此是功能性的。

由于美国分类表中的相似差异，除了含义模糊的小类名称外，你可以通过下面四种方法查找适当的分类领域：

1. 使用美国专利分类索引（U. S. Patent Classification Index）；

2. 在分类手册（the Manual of Classification）中检索关键词；

3. 查看少量非常相关专利的分类号；

4. 咨询美国专利商标局的专利审查员。

第一种和第二种方法可以从美国专利商标局的网站（www. uspto. gov）上获得，因此在这里只作简要介绍。

美国专利分类索引（www. uspto. gov/web/patents/classification/us-pcindex/indextouspc. htm）   使用前文关于机动车辆的发明说明书，在开始查找专利分类领域时，我们可以点击"V"来查阅"Vehicle"。浏览"Vehicle"下的各层级名称，我们注意到机动车量（motor vehicle）主要划分在大类180下。为了尽可能的具体，我们找到一个类别，名为"安全提升手段（Safety Promotion Means）……180/271＋"，即大类180，小类271＋。点击"271＋"，我们就可以直接进入分类手册中查看小类271。在小类271的下位小类列表中，我们可以看到小类287"阻止未经授权或非计划中的使用（By preventing unauthorized or unintended use or access）"。收集到分类领域的完整清单后，查阅专利时就可以从这个小类开始。

美国专利分类关键词检索（www. usptp. gov/web/patents/classifica-tion/）　在页面右侧的检索区域检索"motor vehicle"时，你会注意到返回的第三个结果是"Class Definition for Class 180——Motor Vehicle"。点击该结果后可显示该大类和小类的定义。这种方法比较麻烦，需要浏览许多小类定义。

查看非常相关的专利　许多有经验的检索人员采用这种方法作为分类检索的起点。这种方法以你熟悉专利检索引擎的基本原理为前提。

通过关键词检索在美国专利数据库中找出少量非常相关的专利，只在专利名称（TITLE）和摘要（ABSTACT）中检索。尽量查找最近公布的授权专利，因为分类表每隔几年就会修订。在此步骤中须忽略公开申请，因为在授权之前，审查员可能会给专利申请划分不同的分类号。

查阅列在专利扉页"U. S. Cl."栏的分类号的类名/说明（class titles/descriptions），判断这些分类号的关联性；

查阅列在专利扉页"Field of Search"栏的分类号的类名/说明，确定所有的次要分类号。

仍然使用前述的例子，检索所有美国授权专利的专利名称和摘要后，返回下列可能关联的专利：

- U. S. 6,411,217 – 2002 年 6 月 25 日公布 – Vehicle disabling system
- U. S. 6,135,226 – 2001 年 10 月 24 日公布 – Means for selectively disabling a vehicle
- U. S. 6,072,248 – 2000 年 6 月 6 日公布 – Method of externally and remotely disabling stolen or unauthorized operated vehicles by pursuing police and the like
- U. S. 5,861,779 – 1999 年 1 月 19 日公布 – Car theft and high – speed chase prevention device
- U. S. 5,611,408 – 1997 年 3 月 18 日公布 – Vehicle disabling device

查阅专利 U. S. 6,072,248（248 专利）后，该专利扉页"U. S. Cl."

部分所列的三个分类号经证实可能存在关联性。

U. S. Subclass 307/10. 2

ELECTRICAL TRANSMISSION OR INTERCONNECTION SYSTEMS（电传送或互联系统）

VEHICLE MOUNTED SYSTEMS（车载系统）

Automobile（汽车）

Antitheft（防盗）

U. S. Subclass 180/287

MOTOR VEHICLES（机动车辆）

WITH MEANS FOR PROMOTING SAFETY OF VEHICLE，ITS OCCUPANT OR LOAD，OR AN EXTERNAL OBJECT（具有提高交通工具，其使用者或装载物，或一个外部物体安全性的手段）

By preventing unauthorized or unintended access or use（阻止未经授权或非计划中的进入或使用）

U. S. Subclass 340/825. 72

COMMUNICATIONS：ELECTRICAL（通信：电的）

SELECTIVE（选择性的）

Frequency responsive actuation（频率响应驱动的）

Wireless link（无线连接）

查阅专利扉页"Field of Search"所列的数个分类号后，发现至少有一个失效的分类号。小类 340/426 已经失效。浏览大类 340 的列表后，发现小类 426 被划分为 426.1～426.36。阅读小类 426.1 后，发现它可能相当于前面的小类 426，并且包括陆上交通工具警报器或"盗窃或非授权使用"指示器。

查看列表中的其他专利并重复上述过程后，我们可以得到一份全面的分类号清单并开始检索。

大类 340：ELECTRICAL COMMUNICATIONS（电通信）

小类：825.69，825.72，902，904，426.1，426.11，426.13，426.16，426.17，5.2

大类 180：MOTOR VEHICLES（机动车辆）

小类：287，283，284

大类 307：ELECTRICAL TRANSMISSION OR INTERCONNECTION SYSTEMS（电传送或互联系统）

小类：9.1，10.2

大类 123：INTERNAL COMBUSTION ENGINES（内燃机）

小类：332，333，334，335

大类 342：COMMUNICATIONS：DIRECTIVE RADIO WAVE SYSTEMS AND DEVICES（通讯：定向无线电系统和装置）

小类：44

即使非常相关的专利也经常会包含无关的分类号。这些专利涉及的具体特征对检索的发明而言并不重要。比如，前述粗略检索中发现的小类 341/176：

CODED DATA GENERATION OR CONVERSION（编码数据的生成或转换）

Code generator or Transmitter（代码生成器或转换器）

Transmitter for remote control signal（遥控信号发射器）

由于举例发明不涉及激活信号的编码，大类 341 在发明披露的范围之外，因此要被排除在检索范围之外。

在专利审查员的帮助下找到小类 美国的专利审查员可以向公众提供分类检索方面的帮助，但这点并不广为人知。确定检索分类领域时，这是最有效和最节省时间的方式。

专利审查员可以确定仅通过阅读分类手册无法直观了解的检索领域。此外，他们是本技术领域的专家，精于本领域专利分类号的使用，并且还可以"翻译"含义模糊的小类名称。

在确定分类领域时，我们建议你与初步检索涉及的每个大类的审查员都取得联系。就目前的例子而言，相关大类为 340、180、307、123 和 342。

要留心你在初步检索时反复看到的（跃入你眼帘的）小类。花几分钟时间查一下小类名称，了解它们涉及的技术主题。还要记住在初步检索发现的专利中频繁出现的主审查员的姓名。他们将在之后的过程中为你提供帮助。

与每一个相关大类的审查员取得联系。

在下面的美国专利商标局雇员查询页面中，通过分类号检索技术中心（左侧 "Class/Subclass GAU Information"）。注意与每个大类及其相应小类等级有关的技术中心，查看各相关技术中心的名册。找到你在步骤 1 中记录的主审查员的姓名，并给他们打电话。如果无法得到帮助，就求助名册中的其他审查员。

如果无法确定恰当的联系对象，可以说 "Hello, my name is _____, and I am a public searcher. Can you direct me to someone who can assist me with a search in class _____?"

除此以外，也可以直接给主审查员打电话，请他对相应大类下的检索提供帮助。得到同意后，对发明进行简要介绍，让他了解你希望在具体大类下检索的发明特征。审查员会为你提供一个小类清单，并让你了解各分类号下的预期结果。

国际专利分类（International Patent Classification，IPC） 国际专利分类表是对专利文献的国际统一分类。其主要目的是为各专利局和使用者在检索专利文献时提供有效的检索工具，以确认专利申请的新颖性和创造性（包括对技术进步、有益效果或实用性的评估）。

分类号标识符由一个表示 IPC "部" 的字母和一个表示 IPC "大类" 的数字（2 位数）组成（如，B62）。分类号的后面可以加上一个序列，包括一个表示 IPC "小类" 的字母（如，B62J），一个表示 IPC "大组" 的数字（可变，1~3 位数，如，B62J11），表示 IPC "小组" 的一个正斜杠（"/"）

和一个数字（可变，1～3位数，如，B62J11/02）。

　　为了使用相应的 IPC 分类号进行外国专利检索，美国专利商标局发布了"US‒to‒IPC 对照表"，将已知的美国大类和小类转换为相应的 IPC 分类号。由于该工具并不非常精确，因此只能作为参考，不可完全以之为依据。美国专利商标局网站提供了在线版本，网址为 www. uspto. gov/web/patents/classification/。

　　举一个简单的例子，根据对照表找到美国小类 180/287 对应的 IPC 分类号 B60R 25/00：

PERFORMING OPERATIONS TRANSPORTING；*VEHICLES IN GENERAL*；*VEHICLES, VENICLE FITTINGS, OR VEHICLE PARTS, NOT OTHER WISE PROVIDED FOR*；*Vehicle fittings for preventing or indicating unauthorized use or theft of vehicles*（作业、运输；一般车辆；不包含在其他类目中的车辆、车辆配件或车辆部件；防止或指示未经许可使用或车辆防窃用的车辆配件）

　　查看 IPC 分类表中的 B60R 25/00，发现其中与"…actuating a signaling device（启动信号装置的）"有关的 IPC 小组 B60R 25/10 也具有关联性。

　　获取 IPC 分类号的另一个途径是查阅 IPC 表，该表也可以通过以下网站在线使用（http：//cxp. paterra. com/）。将需要检索的技术主题与 IPC 表中适当的大类和小类定义进行对照，就可得到相应的 IPC 分类号。

　　欧洲专利分类（European Patent Office Classification，ECLA ）
ECLA 分类体系是 IPC 体系的细分和延伸，目前包括 129200 个小组（比 IPC 大约多 60000 个）并且更为准确。它更为统一而且更成体系。欧洲专利局（European Patent Office，EPO）的审查员给每篇专利文献分配 ECLA 分类号，使现有技术检索更为便利。ECLA 会不断进行修订，并更新以往的专利文献。就 ECLA 的标记而言，EC 小组分类号是在相应的 IPC 标识符之后增加一个字母（如，B62J11/00B），也可以根据需要加上数字和字母的序列。

　　FI/F‒Term 为了对日本专利进行分类，日本专利局（Japanese Patent

43

Office，JPO）开发了 FI（File Index）和 F－Term（File Forming Term）体系。FI 是日本专利局使用的内部分类体系，由一个 IPC 小组号和一个三位数字的细分号组成。F－Term 体系用来对 IPC 和 FI 分类体系进行比较。与 IPC 体系的单一角度相反，F－Term 体系从多个层面或角度对技术主题进行细分。更详细的内容可以通过日本工业产权信息和培训中心（Japan National Center for Industrial Property Information and Training，NCIPI）的网站了解：www. ipdl. ncipi. go. jp/homepg_ e. ipdl。

准备初步文本检索表达式　如前所述，检索是一个不断反复的学习过程。因此，在整个检索过程中只使用最初生成的一套文本检索表达式，并确保检索的彻底和完整是根本不可能的。检索表达式应当在检索过程中不断修改。即使非常熟悉发明的技术主题，你仍然会在检索过程中发现新的或非常规的用语，发明的新用途，以及现有技术的新的结构变化，并通过它们来引导你的检索。不过，有一些技巧可以用来提高检索的效果和效率。

以下为许多高级检索引擎常用的文本检索运算符：

布尔逻辑运算符（Boolean Operators）

如 AND，OR，NOT。

从数据集中检索并集、交集和差集。

位置运算符（Proximity Operators）

如 ADJ，NEAR，WITH，SAME。

检索其他检索词指定范围内的检索词。

截词符（Truncation Limiters）

如"MYM"或"＊"等。

为检索具有不同派生形式的检索词，大多数检索引擎支持后截词，有些也支持前截词（对根词＜root word＞前面或后面可变数量的字符进行检索）。

为说明截词检索的重要性，下表列出了单词"attach"的各种变化形式及其不同词性。

	ATTACH	
	Attach	
	Attached	
动词	Attaching	
	Reattach（Re - attach）	
	Reattaching（Re - attaching）	
	Reattached（Re - attached）	
名词	Attachment	
	Attaching Device	
分词形容词	Attaching Member	
	Attaching Mechanism	
形容词	Attachable	
副词	Attachable	

下表列出了最常用的文本检索操作符、功能和基本的语法。

文本检索运算符

运算符	功能	语法
AND	文献中包含全部检索词	检索词1 AND 检索词2
OR	文献中包含任意检索词或全部检索词	检索词1 OR 检索词2
XOR	文献中包含任意检索词但不是全部检索词	检索词1 XOR 检索词2
NOT	文献中包含一个检索词，但不包含另一个检索词	检索词1 NOT 检索词2
ADJ	检索词按指定词序彼此紧密相邻，或相隔指定数量的其他词	检索词1 ADJ 检索词2 检索词1 ADJ3 检索词2
NEAR	检索词彼此紧密相邻，或者相隔指定数量的其他词	检索词1 NEAR 检索词2 检索词1 NEAR5 检索词2
WITH	检索词出现在同一句子中	检索词1 WITH 检索词2
SAME	检索词出现在同一段落中	检索词1 SAME 检索词2
"MYM"、"*"、"?"	在检索词之前（左截词）或之后（右截词）的任意数量字符或指定数量的字符	Automo *（automotive 或 automobile） * motive（locomotive） Automa * 4（automation，但不是 automatically）

45

使用这些运算符和之前所述的发明关系图模板，经研究讨论得到的关键词可以生成如下的初步检索表达式：

		问题	(police or (law adj enforcement)) with (chas∗4 or pursu∗3)
解决方案	是什么（结构）	控制模块 （Control Module）	(control or module or terminal or computer or console) and ((identif∗7 or locat∗4 or determin∗3 or match∗3 or choos∗3 or select∗3 or find∗3) with (vehicle∗1 or car∗1 or truck∗1 or automobile∗1)) and (police or (law adj enforcement))
		发射器 （Transmitter）	((radio or RF or infrared or IR or ultrasonic or (wi adj fi) or Bluetooth or satellite or laser) with (transmit∗5 or send∗4 or signal∗4 or messag∗3 or data)) same (vehicle∗1 or car∗1 or truck∗1 or automobile∗1) same ((law adj enforcement) or police or pursu∗3)
		接收器 （Receiver）	((radio or RF or infrared or IR or ultrasonic or (wi adj fi) or Bluetooth or satellite) with (receiv∗3 or reception or signal∗4 or messag∗3 or data)) same (vehicle∗1 or car∗1 or truck∗1 or automobile∗1)
		阀门（Valve）	(valve or restrict∗3)
		开关（Switch）	(switch or relay or break∗3)
	做什么 （功能）		(disabl∗5 or imped∗4 or block∗3 or prevent∗4 or inhibit∗3 or restrict∗3 or stop∗4) and (vehicle or car or truck or automobile)
			(((cut∗4 or shut∗4 or turn∗3) adj off) or cutoff or shutoff or disconnect∗3 or break∗3) with ((fuel adj (pump or line or inject∗3)) or ignition or distributor or spark or plug or wire or batter∗3 or power or electric∗3 or circuit) and (vehicle∗1 or car∗1 or truck∗1 or automobile∗1)

如果检索引擎不会自动判断复数形式，那么上述检索式中使用星号"∗"便作为截词检索的通配符。可自动判断复数形式的检索引擎则不需要对词尾的"s"、"es"或"ies"进行截词检索。了解检索式的构成非常重要。以"a device could discontinue the flow of fuel（一种可以中断燃油的装置）"为例，根据以下检索式考虑其所有变化：

(((cut∗4 or shut∗4 or turn∗4) adj off) or cutoff or shutoff of disconnect∗

3 or break＊）

使用"adj"（adjacent）指令，检索式可以覆盖"cut off"及其派生形式，包括"cut－off"、"cutoff"、"cutting off"等。此外，交通工具中还有一些控制燃油的设备会受到所述装置的影响。下述检索式可解决这个问题：

（fuel adj（pump or line of inject＊3））

该检索式预计燃料泵（fuel pump）、燃料管（fuel line）或喷油器（fuel injectors，fuel injection）可能会被中断或阻塞。

将上述检索式以"with"指令组合起来，指定这些检索词出现在同一句子中。比如：

"It is therefor desirable to cut off the fuel pump to stall the engine."

在这个阶段，通过确定技术主题范围将发明分解为独立的、可检索的技术特征，此时你已经为检索做好了充分准备。你确定了一组完整的初始检索分类领域，并形成了初始文本检索表达式。利用这些措施，你有了一个可靠的、明确界定的进攻角度。你准备就绪了。

实施检索

专利检索从字面上讲，就是一件一件地查看检索结果中的专利文献，并判断每篇文献与检索主题的关联程度。该过程适用于所有检索结果，无论其来自纯文本检索、分类检索、文本和分类综合检索，还是对某件文献的后向或前向引证。了解如何实施彻底、完整的检索很重要，但是倘若不知道如何根据最终目标对专利文献进行取舍，那也将会使检索变得毫无意义。有经验的专利检索人员与初学者之间的两个主要区别就是快速发现最佳专利文献的能力，以及准确评估专利文献关联性的能力。本章将通过对检索方法，以及——或许是更重要的——对专业专利检索人员的专利文献评估方法的探讨，来分析上述两项能力。此外，本部分还将探讨如何巧妙、高效地进行分类检索和全文检索，以及对专利引证方面的一些考量。

专利文献评估

判断专利文献的关联性时，专利检索人员一般会做两件事：选择专利的适当组成部分，根据其内容判断专利与检索的关联性；判断发明与所审查文献共有的具体技术特征。

专利的组成部分及其在专利检索中的作用 专利文献有统一的格式，并且包含了几乎相同的信息：著录信息（名称、摘要、发明人、受让人、申请日、优先权日、优先权文献信息、引用情况等）；说明书，包括对发明的详细描述、权利要求书以及附图（如果有的话）。各国的专利格式会有所变化，但显示的基本信息是相同的。这对你而言是有利的，无论你检索的是专利图像还是缩写的专利内容。

除了专利说明书中的"发明描述"部分外，专利检索人员主要通过研究专利文献的其他四个部分来确定关联性：（1）专利名称（Title）；（2）摘要（Abstract）；（3）权利要求书（Claims）；（4）附图（Drawings）。

专利名称 就确定专利的关联性而言，专利名称提供依据的可靠性最低，因为有些专利名称的描述性很强，而有些则会有意模糊。但是，由于只需要浏览很短的专利名称，所以速度很快；由于检索范围限定于同一分类领域中的相似专利，所以是确定潜在关联文献的有效途径，结果比较可靠。专业的检索也不仅仅进行专利名称检索。

摘要 摘要是对请求保护的发明的概述，并表明最具新颖性的实施例。文本检索使用的一些关键词会出现在摘要中，但摘要更多的是提供对发明的总体认识。如专利名称一样，摘要相对容易阅读，并且可以帮助确定潜在的关联文献。专业的检索也不仅仅进行专利摘要检索。

发明描述 就多数检索而言，你的目标是找出涉及特定技术特征的现有技术文献。发明的每个实施例及其列举的技术特征必须在说明书描述部分进行论述和支持。因此，仔细阅读说明书会发现许多有关专利文献与技术主题关联性的信息。

权利要求书　专利申请人必须在权利要求书中披露发明的新颖性或创造性。阅读权利要求书可以判断专利的保护范围。但是，权利要求书可能只涉及一个实施例、方法或产品，而不会列举说明书中的所有技术特征，它的语言通常只是描述性的。权利要求书可以帮助判断专利文献的关联性，但与专利说明书的作用相比，它对判断专利性的帮助比较小。然而，就侵权或确权检索而言，则必须根据权利要求书来评估关联性。

附图　附图能够显示并披露对检索目标非常关键，但又未在专利其他部分描述甚至提到的技术特征。当图像对描述相关领域的发明非常必要时，就应当检索该技术领域的附图，尤其在机械技术领域。

当某技术领域"挤满"了专利时，你可能需要检索附图。图像检索可以提高你的效率，因为相对于阅读文字而言，"浏览"附图的速度更快。发现有关的技术特征后，应当标记该文献以供进一步审查确定其关联性。附图无法显示可能对检索很关键的各种材料或零部件的变化，因此，专业的检索不仅仅要检查附图。

根据发明技术特征确定关联性　专业的专利检索人员在查看大量专利以确定关联性时，你会发现他们在有的专利上停留的时间非常少——大概几秒钟，而在某些专利上则会花上几分钟。此外，你还会发现检索人员看完大量文献的时间出奇短。很明显，他们不会从头至尾通读每篇文献。那么，是什么决策过程让检索人员能够恰当地区分需保留的文献和需放弃的文献呢？这便是专利检索的绝对核心，需要通过时间和实践进行培养，功到自然成。

分层决策树可以很好地说明这个过程。通过对一件专利文献各组成部分的任意组合，检索人员首先确定所检索发明的最核心特征是否满足。如果是，检索人员对该文献进行更详细的研究，确认下一个重要特征是否满足，以此类推。如果不是，就将其从检索结果中排除，不再考虑。根据检索的技术主题，检索人员可以先从专利名称开始，然后是摘要、权利要求书和说明书。检索人员还可以选择从附图开始，然后在说明书中查找用附图标记表示的零件是如何描述的。无论何种方法，检索人员一定会确定包含相同内容的文献。图3.1的特征图可作为该决策过程的图示。

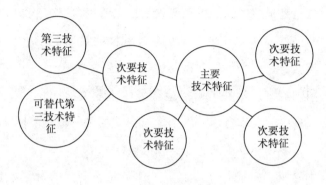

图3.1 特征图

前文使用的交通工具禁用装置，该发明披露的特征图可参见图3.2。

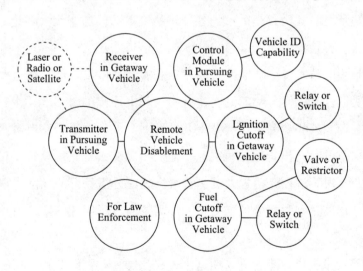

图3.2 发明公开

核心技术特征对专利文献评价的决策过程至关重要，必须确保它们的准确性。这些技术特征是决策过程的首要标准，如果出现偏差，全部检索将会被扭曲。它们必须足够具体，同时还要具备充分的概括性。

● Remote（远程的，遥控的）：检索中发现的所有专利文献必须涉及可远程操作的禁用系统。检索人员不会对从内部禁用发动机的系统感兴趣，比如，当以"探测到碰撞时"为条件的。

● Vehicle（交通工具）：交通工具的范围很广，从汽车到摩托车到飞机。虽然举例与汽车有关，但针对其他交通工具的禁用系统可能也有相似的部件或操作。

● Disablement（禁用）：该系统必须能够禁用交通工具，而不只是使它减速，或缓慢地阻碍前进。其他安全系统也许可以限制但仍然允许燃料供应，也许可以限制发动机转速，或应用于刹车系统。

请注意，所述系统中燃料切断装置的替代特征可以是阀门/限流器，或继电器/开关。图3.2中，虚线圈内的特征"雷达或无线电或卫星"是两个无线组件之间的通信方式。尽管发明对这方面的描述并不详细，但这个假设的技术特征说明了所述组件是如何根据需要进行连接的。为了正确的通信，两个无线通信装置必须使用相同的通信媒介。

逐件查看文献时，该特征图可以作为核对清单使用。回顾本章前文在初步检索中发现的两件专利及其特征图。（参见图3.3和图3.4）

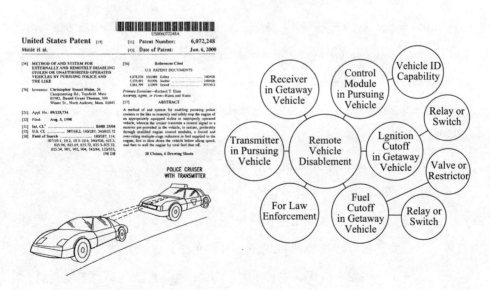

图3.3　US6,072,248

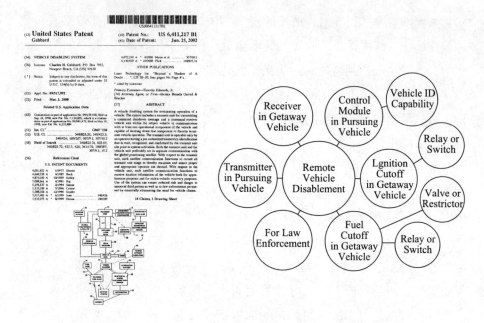

图 3.4　US6,411,217

从专利名称看，这两篇文献是关联的。但是却无法了解系统是如何运行的，而摘要可以提供更多细节：

A method of and system for enabling pursuing police cruisers or the like to remotely and safely stop the engine of an appropriately equipped stolen or improperly operated vehicle, wherein the cruiser transmits a control signal to a receiver pre-provided in the vehicle, to initiate, preferably through modified engine control modules, a forced and over-riding multiple-stage reduction in fuel supplied to the engine, first to slow down the vehicle below idling speed, and then to stall the engine by total fuel shut off.

参考译文：一种能够使正在执行追捕任务的警察巡逻车可以通过远程遥控来安全关闭正常装配的被盗或不当操控的交通工具的发动机的方法及其系统，其中，该警察巡逻车向预先安装在交通工具上的接收器发送控制信号，更优选的是通过修改的发动机控制模块，启动强制的、优先服从的对发动机燃料供应的多级减少，首先使被追捕的交通工具的速度降至怠速转速以下，然后通过完全切断燃料使发动机停转。

　　根据摘要仍然无法了解燃料切断的工作过程，参考图3.3和图3.4，我们发现燃料切断是通过控制电动燃油泵完成的，但文献中涉及燃料限制或切断的内容并未提及这点。

　　专利文献同时描述了对燃料的切断和点火装置的切断。另外，执行追捕的执法交通工具装有控制模块，但并未用于交通工具的身份识别。所述控制模块的用途是对驾驶者进行身份鉴定——通过生物特征对比，将驾驶者的指纹与事先存储在数据库中的指纹匹配。所述发明并未披露该技术特征。

　　在专利文献关联性评价及排序方面，并没有通行的方法。但是，创造一个用于简化工作的方法，可以为你节省时间并提高效率。检索时，你可以选择只把更"重要"的专利号列在笔记本上。你也可以准备一份列出重要技术特征的工作表，并对专利文献中披露相同或相近似技术特征的内容做出标记。我们推荐后者。

　　工作表可以通过将特征图转换为特征矩阵（Feature Matrix）创建。特征矩阵有三个用途：（1）阅读文献时记录你的评价；（2）标记现有技术文献中需要进一步审查的内容；（3）客观判断与检索技术主题最相近的专利文献（比如，披露了最多的技术特征）。

　　首先，下面的特征矩阵仅指出了每篇专利文献披露的技术特征。浏览文献时，你可以参照该表，并随时将读到的技术特征从表中划去。

	U. S. 6,072,248	U. S. 6,411,217
远程交通工具禁用系统	×	×
用于执法	×	×
追捕交通工具中的发射器	×	×
逃逸交通工具中的接收器	×	×
追捕交通工具中的控制模块		
交通工具身份识别功能		
切断逃逸交通工具的点火装置		
切断点火装置：继电器或开关		
切断逃逸交通工具的燃料	×	×

	U.S. 6,072,248	U.S. 6,411,217
切断燃料：阀门或限流器		×
切断燃油：继电器或开关	×	
出现的技术特征数量	6	8

为了更进一步，除了指出每篇文献披露的技术特征外，还可以在表中注明披露技术特征的具体位置。这对撰写报告非常有帮助，但投入的时间也会比较多。

	技术特征1	技术特征2	技术特征3	披露的技术特征数量
U.S. 7,000,000	权利要求1		第3列第40行	2
U.S. 7,000,001		权利要求1和4		1
U.S. 7,000,002	权利要求5和11		附图1（a）	2

评估不同检索种类的专利文献

应用于美国专利法（USC）第102和103条的专利性和有效性检索 美国专利法第102和103条明确了专利性的定义。专利性和有效性检索的目的都是为了发现以下现有技术文献，其a）提前公开了请求保护的发明；或b）在发明日之前，使请求保护的技术主题对所属技术领域普通技术人员是显而易见的。

提前公开文献，即USC102文献，公开了请求保护的发明的所有技术特征。如果在专利性或有效性检索中发现此类文献，则意味着请求保护的发明不具备新颖性。因此，可根据前文介绍的关联性判断标准等级（Hierarchy of Criteria for Determining Relevancy），一篇关联的USC102提前公开文献披露了所有等级（1~4）的所有技术特征。

显而易见性文献，即USC103文献，公开了请求保护的发明的一个或多个技术特征，但不是所有技术特征。主要USC103文献涉及大部分标准等级为1~3级的"关键"特征，也可能涉及一些4级的更具体的限定特征；次要USC103文献则披露一个或多个在主要USC103文献中没有涉及的技术特征。一篇主要 USC103 文献，结合一篇次要 USC103 文献以及对所属技术领域普通技术人员的适当启发，可以使请求保护的发明失去创造性并被驳回。因此，根据美国专利法第 103 条驳回权利要求时，其依据的主要文献种类就是显著相关的 USC103 显而易见性文献。检索发现的全部次要 USC103 文献都是相关 USC103 文献；但是，任何披露至少一个其他文献未公开技术特征的相关 USC103 文献，也必须作为显著相关的 USC103 次要文献。

因此，专利检索人员或专利信息专家应当尽量找到能够单独，或与其他文献相结合后公开了请求保护发明的所有技术特征的专利文献，律师或专利代理人应当评估每篇文献在提前公开、显而易见性和启发方面的适用性。

专业检索为专利律师提供技术方面的观点，并支持其法律评估，但我们提醒你，专业的法律意见书只能由有资格的专利律师提供，而非专利检索人员。

为专利性检索确定技术特征　为了进行专利性检索，必须了解发明的显著特征（技术特征）以及它们为什么是新颖的（创新点），这有时可以根据发明披露的内容推断，如果不能，你应当在实施检索前与发明人进行沟通。理由很简单：显著特征将决定检索范围，而检索范围将决定检索策略以及如何评估相关文献的关联性，文献的关联性将决定其在达成最终法律立场过程中的作用。

为有效性检索确定技术特征　与授权专利的权利要求书一样，你会在发明的实施例中发现有效性检索的技术特征。实施例会被写进权利要求书中，并从某种程度上限定发明的范围。

权利要求书确立了专利申请人寻求的并经专利局同意的确切的法律保护范围，用词非常严谨，为了解它们的保护范围必须认真阅读。实际上，在美国的专利实践中，专利申请人可以创造并定义在其专利申请中使用的单词，成为他自己的"词典编撰者"。因此，在进行有效性检索之前，你需要认真地研究权利要求书。

在任何情况下，公开技术特征最多的文献构成最相关文献。USC102 文献最为直观，因为"新颖性"比"显而易见性"更容易解释。不过，检索结果中的大部分一般都是 USC103 文献。为了准备进一步的关联性评估和最后选择，被标记的潜在关联文献必须首先分为 USC102 和主要 103 文献（显著相关），以及显著相关的 USC103 次要文献（如前文所述）。这需要在将某篇文献标记为潜在关联文献的同时，记录其披露的技术特征。可以使用图表列出相关文献及其披露的技术特征，并按前述要求进行排序和分类。有效性（无效性）检索中，相关的权利要求书也应被作为文献并进行上述处理。

许多专利律师习惯先查看检索中发现的显著相关文献。因此，我们推荐你按以下顺序报告检索结果：所有 USC102 文献，所有显著相关的 USC103 文献。其中，显著相关的 103 主要文献公开的技术特征最多。

为侵权检索确定技术特征　侵权检索的目的是发现权利要求书涉及检索技术特征的未到期（有效）专利。因此，侵权检索需要检索并阅读潜在相关的有效专利的权利要求书。美国的侵权案件中，对权利要求书的解释应当以发明的书面说明书为依据。

专利信息专家对专利法的理解在侵权检索中非常有帮助。思考下面例子中一个单词的用法对专利文献关联性的影响：如果侵权检索的技术主题 Comprises（包含）特征 A，B 和 C；而一件有效专利的权利要求 Comprising（包含）特征 A，B，C 和 D，则该专利是相关的（参见图 3.5）。但是，如果一件有效专利的权利要求 Consisting of（由……组成）特征 A，B，C 和 D，则该专利是不相关的。

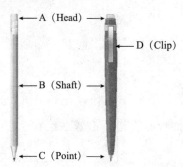

A（Head）

D（Clip）

B（Shaft）

C（Point）

For instance, when the writing utensil of an infringement search comprises features A, B, and C; a live patent claiming a subject matter comprising features A, B, C and D reads on the subject matter of the search and the patent is relevant. However, a live patent that claims a subject matter consisting of features A, B, C, and D is not relevant.

图 3.5　Comprises 和 Consisting of

除非你是专利律师，否则最好将全部专利文献向正在撰写法律意见书的律师汇报，而不是通过自己判断将可能不相关的文献排除在外。这样做也许会使律师失去一篇有可能非常重要的文献。

为确权检索中确定技术特征　确权检索（有时也称为"自由使用（Freedom to Operate）"或"有权使用（Right to Use）"检索）与侵权检索不同。它们需要同时检索到期和未到期专利。检索到期专利是因为公众可以自由使用这些专利。Thomas Edison 的白炽灯不会第二次获得专利。因此，任何人都可以"清白地"制造、使用和销售到期专利的产品或服务。

个人、公司及其他组织会在投资制造、使用或销售新产品或服务之前进行确权检索来为了保护自己，以确保他们不会被起诉侵权。

分类检索

专利分类体系（Patent Classification Systems，PCSs）为保存和检索由各专利局拥有的每篇专利文献提供支持。专利分类体系是一个等级系统，对专利局的每篇专利文献按照大类/小类、大组/小组等进行分类和索引。大类由名称、定义和标识代码组成，专利分类体系中的每个大类都旨在涵盖一个宽泛的技术领域；小类则进一步定义更具体的技术领域。

随着电子文献技术的出现，检索人员可以对检索主题的技术特征进行文本检索并找到相关文献，再也不用去拜访专利局或检索专利分类号了。

但是，专业检索需要的不仅仅是文本检索。对核心和次要分类号进行系统的、穷尽的检索，才能得到可以信赖的检索结果。我们建议每次检索都应当进行文本检索和分类检索，参见下表。

美国专利分类号举例

Class 600—SURGERY		
This Class 600 is considered to be an integral part of Class 128.		
300	•	DIAGNOSTIC TESTING
301	•	Via monitoring a plurality of physiological data, e. g., pulse and blood pressure
302	•	Endoradiosonde

303	• Olfactometer
304	• Readiness to give birth
305	• Hazardous current flow conditions
306	• Measurement of skin parameters
307	• Determining rate of fluid los from the body surface
308	• Physical characteristics of electrolytes
309	• Measuring or detecting nonradioactive constituent of body liquid by means placed against or in body throughout test
310	• Infrared, visible light, or ultraviolet radiation directed on or through body

核心分类检索　与技术主题最接近的大类和小类构成了检索的核心分类领域。最相关的专利文献因其核心结构特征或功能被分入核心小类。这类文献应当进行彻底检索，并分别阅读每篇专利文献来确定关联性。

例如，美国专利分类体系中，大类 375——PULSE OR DIGITAL COMMUNICATIONS（脉冲或数字通信）——定义了电气技术的一个领域，包括 "*use electrical or electromagnetic signals for communication; including transmitting an intelligence bearing signal from one point to another in the form of discrete variations in some of parameter of the electrical or electromagnetic signal*（使用电或电磁信号进行通信；包括在一定电或电磁信号参数内，以离散变异的形式将智能信号从一点传输到另一点）" 的电路、装置、方法、过程和系统。小类 130——SPREAD SPECTRUM（扩展频谱），进一步将大类 375 限定为 "*Subject matter utilizing a data modulated signal which has its energy spread over a transmitted bandwidth which is much greater than the bandwidth or rate of information being sent*（一种利用数据调制信号的技术，其能量分布于一个传输带宽上，其带宽大于所述带宽或信息传输速度。）"

小类的技术主题可以被进一步限定。专利局的分类体系将涵盖范围更小的小类缩排在其上位小类之下。比如，小类 132——FREQUENCY HOPPING（跳频），小类 138——TIME HOPPING（跳时），都缩排在小类

130 之下，它们的定义更具体，分别为 "*Subject matter including a system in which the wide band signal is generated by jumping from one frequency to another over multiple number of frequency choices* (技术主题包括一种系统，其中宽频信号产生自从一个频率跨过多个频率选择跳跃至另一个频率)" 和 "*Subject matter including a system wherein waveforms are transmitted at times which are selected from among a plurality of time slots*, *with the selection of time slot being pseudo – random*, *if desired* (技术主题包括一种系统，其中波形的传输时间选自多个时间空档，必要时，时间空档的选择可以为随机)"。

所有通信系统中，发射器和接收器都是基础组成部分。但是，依据附加的限定特征，这些基础且普通的技术主题会被分入不同的小类。比如，接收器的一般功能定义"包含恢复、解调和解码信号"，但根据其应用领域（跳频和直接序列）会被分入小类 136 和 147。而且，在小类 147 下，还缩排有小类 148、149 和 150。

因此，如果一件专利的技术主题为一种利用扩展频谱和直接序列技术的通信系统接收器，则该专利很可能被分入小类 147，也可能是小类 148 ~ 151（小类 151 缩排于小类 150 下）。该技术主题的核心分类就包括小类 147 到 151。如果所述接收器的定义还涉及小类 148 到 151 中的技术主题，那么这些小类也应作为核心分类。对这些分类进行检索将获得最可能相关的专利文献。

如前文所述，核心分类要进行完全、彻底的检索。但是，如果核心分类属于不同等级，一般会认为只需要检索最上位的小类即可（因为上位小类涵盖了下位小类）。但事实并非如此。因为上位分类并不自动包括所有下位分类的专利文献❶。比如，在写作此书时，分类 375/147 下有 784 篇专利文献，而分类 375/147 – 150 下则有 2721 篇，并且没有重复！因此，在核心

---

❶　译者注：比如，上位小类 A 包括下位小类 A_1，A_2 和 A_3。但对分类 A 进行检索，与分别对 A_1，A_2 和 A_3 的检索结果并不相同。如果技术主题不属于 A_1，A_2 和 A_3，那么审查员会将该技术主题分入上位小类 A。

分类检索中，必须对所有确认的小类进行彻底梳理。

继续以前文的发明为例，根据我们确定的分类范围，其核心分类领域很可能包括：

- USPC：180/287，340/426.11，340/426.13，307/10.2，123/333，
- IPC：B60R 25/10

因为核心分类都涉及发明的核心特征，所以上述分类都是与交通工具禁用有关的。虽然这些分类包括（180）MOTOR VEHICLE（机动车辆），（340）ELECTRICAL COMMUNICATIONS（电气和通信），（307）ELECTRICAL TRANSMISSION（电传输）和（123）INTERNAL COMBUSTION ENGINES（内燃机），但是所有这些分类下都有涉及交通工具禁用方式的小类。请注意，上述小类均不涉及发明的次要特征。

次要分类检索 发明的技术特征可能包括次要特征和次要功能，次要分类即是与发明次要特征和次要功能有关的分类号。并分入与主要技术领域类似的领域。是否需要像检索核心分类那样对次要分类也进行彻底检索取决于你的时间和预算。但是，至少应当使用谨慎限定的文本表达式对次要分类领域进行检索，每次只用一组关键词来限定次要分类号。

任何检索中确定的最相关分类都应当进行彻底检查，逐篇审核该分类下的每篇专利文献。但是，专利文献的分类标准会有所不同。两件具有相似物理结构特征的专利，可能由于各自不同的用途而被分入完全不同的分类领域；反之亦然。虽然美国专利商标局建议独立发明人尽量使用分类体系，但是分类检索无法完全保证所有相关文献都被考虑在内。

仍然使用前文的发明为例，其次要分类可能包括：

- U.S. 180/283，180/284，340/825.69，340/825.72，340/902，340/904，340/426.1，340/5.2，340/426.16，340/426.17，307/9.1，342/44，123/332，123/334IPC：B60R 25/00

例如，小类180/283涉及中断交通工具的发动机点火电路。乍看之下，会认为这个分类非常重要。但是，注意到小类283缩排于282之下，小类

282 涉及对监测交通工具加速、减速和偏转做出反应的机械部件（比如，在事故中）。尽管属于小类 283 的用于中断交通工具点火装置的技术有可能相关，但是它们的应用领域完全不同。因此，小类 180/283 被列为次要分类。

美国专利分类体系中的不一致 美国专利商标局的审查员对美国专利分类体系的理解最为透彻。因此，应当始终通过审查员的帮助，明确需要检索的分类领域，并确保相关的分类领域不会被遗漏。

专利的分类永远不会停止。要在纷繁芜杂的分类中进行检索，你必须具备经验和耐性。比如，如果你要对"a flexible catheter（软管）"进行检索，并从大类 604——"Surgery（外科手术）"开始。在浏览一页的小类之后，你会注意到异样的内容。小类 264——"Body inserted tubular conduit structure（插入体内的管状导管结构）"——与定义完全吻合，小类 523——"Flexible catheter or means used therein（软管或其使用方法）"也同样如此。你也许会更清晰地限定目标发明，但软管仍然存在于两者之中。重叠的小类给专利信息专家造成障碍，需要审查的专利数量急剧增长。在写作本书时，小类 604/264 下的美国专利超过 1500 件，小类 604/523 下大约有 1000 件。将两者合并去重后，专利数量也在 2200 件以上。

未经精心策划就对专利进行分类整理是毫无效率可言的。经验和条理不仅可以避免重复检索，还可以在检索中系统地配置资源，帮助你节省宝贵的时间。

全文检索

文本检索基本上就是一个反复放大和缩小的过程。相比在搜索引擎中随意输入关键词来讲，采用策略性的手段进行文本检索是非常重要的。本章之前提到，每一项发明通常是针对单一技术问题的单一解决方案。但全面检索的结果会包括很多专利文献，它们可能是针对相同技术问题的多种解决方案，也可能是将相同的解决方案应用于不同的技术问题。于是，专利检索人员会陷入这样的窘境，即：如何找到解决同一技术问题的所有解决方案？又如何找到可用同一技术方案解决的所有技术问题？

答案是，采用系统性的渐进式文本检索。渐进式文本检索可以从多个方向和角度对检索主题发起"攻击"：

- 从通用结构或功能开始（宽的），以技术问题（窄的）为方向逐渐加入文本检索式；

- 从通用技术问题开始（宽的），以相关结构或功能（窄的）为方向逐渐加入文本检索式；

- 从组合的技术问题、结构和功能开始（非常窄），通过减少关键词扩大检索范围，为了避免重复，这个方法需要扣除每一个在先检索式的结果集。

如果只从一个方向使用渐进式文本检索，会遗漏用于解决相同技术问题的其他结构或功能，也同样无法发现可用相同结构部件或功能解决的其他技术问题。因此，我们建议至少从两个方向实施渐进式文本检索。思考前述发明的下列情况：

情况1：对通用结构部件进行初步检索——发射器、接收器、继电器、控制模块——然后对"交通工具禁用"进行第一次缩小范围检索，再对"警察高速追捕"进行第二次缩小范围检索，将无法找到包含应用于交通工具刹车系统来限制交通工具移动的阻碍系统的相关文献。

情况2：对"警察高速追捕"进行初始检索，然后对"交通工具失效"进行第一次缩小范围检索，再对相关结构部件进行第二次缩小范围检索，将无法找到包含用于驾驶员/使用者安全因素的燃料切断装置的相关文献。

当然，根据对检索宽度的要求，涉及自动刹车系统或安全燃料切断装置的专利文献可能相关，也可能不相关。

下面我们根据本章之前起草的初步检索表达式，来学习渐进式文本检索对检索结果的影响。

问题			（police or（law adj enforcement））with（chas＊4 or pursu＊3）
解决方案	是什么（结构）	控制模块（Control Module）	（control or module or terminal or computer or console）and（（identif＊7 or locat＊4 or determin＊3 or match＊3 or choos＊3 or select＊3 or find＊3）with（vehicle＊1 or car＊1 or truck＊1 or automobile＊1））and（police or（law adj enforcement））
		发射器（Transmitter）	（（radio or RF or infrared or IR or ultrasonic or（wi adj fi）or Bluetooth or satellite or laser）with（transmit＊5 or send＊4 or signal＊4 or messag＊3 or data））same（vehicle＊1 or car＊1 or truck＊1 or automobile＊1）same（（law adj enforcement）or police or pursu＊3）
		接收器（Receiver）	（（radio or RF or infrared or IR or ultrasonic or（wi adj fi）or Bluetooth or satellite）with（receiv＊3 or reception or signal＊4 or messag＊3 or data））same（vehicle＊1 or car＊1 or truck＊1 or automobile＊1）
		阀门（Valve）	（valve or restrict＊3）
		开关（Switch）	（switch or relay or break＊3）
	做什么（功能）		（disabl＊5 or imped＊4 or block＊3 or prevent＊4 or inhibit＊3 or restrict＊3 or stop＊4）and（vehicle or car or truck or automobile）
			（（（cut＊4 or shut＊4 or turn＊3）adj off）or cutoff or shutoff or disconnect＊3 or break＊3）with（（fuel adj（pump or line or inject＊3）））or ignition or distributor or spark or plug or wire or batter＊3 or power or electric＊3 or circuit）and（vehicle＊1 or car＊1 or truck＊1 or automobile＊1）

现在思考以下文本检索策略：

序号	命中	条件
1	220861	专利说明书全文："（（（cut＊4 or shut＊4 or turn＊3）adj off）or cutoff or shutoff or disconnect＊3 or break＊3）with（（fuel adj（pump or line or inject＊3）））or ignition or distributor or spark or plug or wire or batter＊3 or power or electric＊3 or circuit）and（vehicle＊1 or car＊1 or truck＊1 or automobile＊1）"
		数据库：USG USA
		检索时间范围：1836～2006

序号	命中	条件
2		专利说明书全文："（（radio or RF or infrared or IR or ultrasonic or （wi adj fi）or bluetooth or satellite or laser）with （transmit＊5 or transmission or send＊4 or receiv＊3 or reception or signal＊4 or messag＊3 or data））same （vehicle＊1 or car ＊1 or truck＊1 or automobile＊1）"
		数据库：USG USA
		检索时间范围：1836～2006
3		组合 1 和 2
4	12930	专利说明书全文："（（valve or restrict＊3 or reduc＊3）with fuel）and （（switch ＊3 or relay or break＊3）with （ignition or distributor））"
		数据库：USG USA
		检索时间范围：1836～2006
5	231	组合 3 和 4

该检索策略开始于对"功能"的详细列举，加入与转换器和接收器有关的"结构方面的"文本检索式，最后是宽泛的与用来切断燃料和点火装置的设备有关的"结构方面的"文本检索式。换句话说，该检索策略可用来查找通过接收器、发射器、阀门和开关切断燃料和点火装置的专利文献，但没有涉及在执法应用方面的功能。

思考第二个检索策略：

序号	命中	条件
1	66526	专利说明书全文："（（radio or RF or infrared or IR or ultrasonic or （wi adj fi）or bluetooth or satellite or laser）with （transmit＊5 or transmission or send＊4 or receiv＊3 or reception or signal＊4 or messag＊3 or data））same （vehicle＊1 or car ＊1 or truck＊1 or automobile＊1）"
		数据库：USG USA
		检索时间范围：1836～2006
2	459340	专利说明书全文："（control or module or terminal or computer or console）and （（identif＊7 or locat＊4 or determin＊3 or match＊3 or choos＊3 or select＊3 or find＊3）with （vehicle＊1 or car＊1 or truck＊1 or automobile＊1））"
		数据库：USG USA
		检索时间范围：1836～2006

序号	命中	条件
3	43224	组合 1 和 2
4	2786	专利说明书全文:"（police or（law adj enforcement））and（chas * 4 or pursu * 3）"
		数据库：USG USA
		检索时间范围：1836～2006
5	705	组合 3 和 4

该检索开始于与发射器和接收器有关的"结构方面的"文本检索式，加入与控制模块有关的"结构方面的"检索式，最终的"功能方面的"检索式结合了执法应用方面的功能。换言之，该策略只关注发明中的交通工具识别功能，即执法人员可使用交通工具之间的发射器和接收器，通过控制模块识别特定交通工具。但是本策略没有结合交通工具的禁用。

第一个例子说明了以纯功能开始，以结构部件为方向缩小检索范围；第二个例子则从发明的核心结构部件开始，并以所解决的技术问题为方向缩小检索范围。

引证检索

有两种与大多数专利都有关的专利文献，对专利检索非常有价值，一种是前向引证，一种是后向引证。

从字面意义上讲，后向引证（Backward citations）是指被目标专利引用为参考文献的专利文献或出版物，它们在审查过程中，会被专利审查员或专利申请人引用。前向引证（Forward citations）是指随后被其他授权专利引用的专利文献和出版物。你需要借助检索引擎实施前向引证检索，因为这些文献是在专利授权后被引用的。幸运的是，大多数专利检索引擎都允许用户进行后向和前向引证检索。

引证检索有以下优势：第一，这种检索以专利申请人和/或授予专利的审查员实施的在先检索为基础，可以让你了解专利审查员对发明的理解以及他认为相关的技术；还可以帮助你了解审查员的思考过程及其对技术主题的限定。

第二，如果将引证检索向较早或较晚的专利延伸（被引用文献的引证检索），你就可以将技术发展过程形象化。这种可以对多代专利进行引证检索的方法非常有吸引力。

比如，你或许会发现一件与被检索发明属于相同技术领域、解决相同技术问题的专利，而这件专利其实并不满足你对目标发明的限定。

引证检索可以产生大量而且相关的结果，从中也许可以找到符合限定条件的专利，也有可能比先前发现的专利更为相关。重复检索后还可能发现其他更为接近的专利。如果可以系统化地实施，引证检索通常会发现一系列相互交织的专利，逐渐接近你的预期结果并加强你对该领域发明的理解和认识。

第三，当你不知从何处开始时，引证检索会非常有帮助。你可能只知道你的专利或相关专利的情况。实施引证检索后，你会逐渐发现技术的发展过程、术语和可替换检索词，甚至特定发明的特有术语。

相比之下，分类检索和文本检索都假设检索人员了解相关技术的术语、近义词和对等词，如果事实并非如此，那么检索质量就会很糟糕。而引证检索可以增强检索人员对技术领域的理解，并据此相应地调整检索策略。

后向引证检索　后向引证检索通常用来查找一项技术的首个基础发现。当审查员可以在审查中自由拟订驳回意见时，被引用的文献有时并非对症下药。

在选择一件专利作为后向引证检索的起始点时，应当关注该专利权利要求书的关联性。审查员是以专利的权利要求书为依据进行专利检索并引用文献的。因此，如果发现一件专利公开的实施例比较接近检索主题，但该实施例却未在专利的权利要求书中体现，那就不应当选择这件专利进行后向引证检索。如果专利权利要求书中的技术特征与检索主题一致，那么为这件申请授权的审查员也必须检索这些技术特征，并且很有可能引用与这些特征相关的文献。

　　前向引证检索　与后向引证检索相反，在选择一件专利作为前向引证检索的起始点时，必须强调该专利公开的主要实施例的关联性，而非权利要求书（参见图 3.6）。一件披露新颖或独特技术特征的原创专利会被频繁引用，无论该技术特征是否在权利要求书中。因此，在检索某特定技术的改进时，查找首次披露该技术的基础专利不失为一个有效的策略。

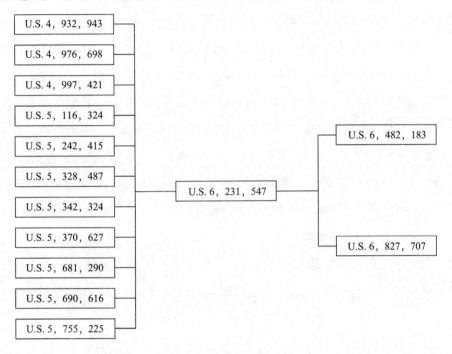

图 3.6　示例：引证树

　　专利和期刊文章对文献的引用可以形成一个永无止境的链条，并从中揭示新的发明构思或侵权线索。比如，一篇发布于 2001 年的论文引用了 5 篇文献，深入研究后发现这 5 篇文献也分别引用了其他文献。这种方式会迅速导致需要审查的现有技术文献的数量呈指数增长。

　　一直以来，引证连接（citation linking）都是用来观察实验或设计发展趋势的一个流行方式。它提供了一个便捷的途径，指导你进行现有技术检索，并发现可能具备高度关联性的关键文献。不过，还需要注意的是，如果作者认为它不具有关联性或不知道它的存在，则有些重要的文献也不会被引用。

检索国外专利文献

一次彻底的国外专利检索对所有类型的检索（除侵权检索外）而言都非常重要。国外现有技术可以用来使专利无效或者使新的发现失去专利性。了解国外专利前景对确保自身专利的有效性也很关键。

美国法院最近的判决已经证明发现尽可能多的现有技术的重要性。在 *In re Bruckelmeyer v. Ground Heaters*（U. S. Fed. Cir 2006）案中，法院认为一件加拿大专利申请排除了两件 Bruckelmeyer 的专利，尽管需要用来使专利失去非显而易见性的两幅附图已在审查中被删除。Bruckelmeyer 在上诉中主张所述加拿大专利申请不是美国专利法第 102 条（b）款中的印刷出版物，不能认为是现有技术，但没有获得法院的支持。联邦巡回法院裁定，原始申请是"公众能够得到的"，因为加拿大申请的审查文件在 Bruckelmeyer 的申请提交 1 年以前就处于公众可得的状态，所以可以作为现有技术"印刷出版物"。

大部分专利局采用的制度与美国不同。向美国提交申请的发明人能够享有所谓的"宽限期（grace period）"，可以自发明公开后 1 年以内提交专利申请。而在其他许多国家，即使发明在专利申请提交前一天向公众公开，申请人也无法获得专利。

许多不同的组织和国际协议致力于统一全球的知识产权保护。在检索美国以外的现有技术时，了解其产生国家和管理机构的背景是非常有必要的。

《保护工业产权巴黎公约》（Paris Convention on the Protection of Industrial Property）（以下简称《巴黎公约》） 《巴黎公约》是世界共同知识产权建立的基础，是第一个重要的国际知识产权条约，由 11 个国家在 1883 年签订。目前，《巴黎公约》有 169 个成员国，是全世界最为广泛采用的条约之一。

《巴黎公约》允许成员国的申请人将其在一个成员国的首个申请日作为向其他成员国申请的有效申请日，前提是第二件申请必须自首个申请日起12个月内提交。

同《专利合作条约》一样，《巴黎公约》由世界知识产权组织（World Intellectual Property Organization，WIPO）管理。只有《巴黎公约》的成员国才能成为《专利合作条约》成员国。

欧洲专利组织（The European Patent Organization）　欧洲专利组织是根据1973年10月在慕尼黑签署的《欧洲专利公约》（the Convention on the Grant of European Patents，EPC）建立的。《欧洲专利公约》是一个以欧洲专利组织为具体形式的多边协议，为各成员国提供了一个授予专利的独立的法律制度。一旦授权，一件欧洲专利即等同于各成员国的专利。每件专利在各成员国领土范围内单独行使、保护或者撤销。它不是泛欧洲专利。欧洲专利组织有两个主要实体：行政管理委员会是立法机构；欧洲专利局是执行机构。

下表为《欧洲专利公约》成员国：

奥地利	爱尔兰
比利时	冰岛
保加利亚	意大利
瑞士	列支敦士登
塞浦路斯	立陶宛
捷克	卢森堡
德国	摩纳哥
丹麦	荷兰
爱沙尼亚	波兰
西班牙	葡萄牙
芬兰	罗马尼亚
法国	瑞典
英国	斯洛文尼亚
希腊	斯洛伐克
匈牙利	土耳其

延伸国包括，阿尔巴尼亚、波黑、克罗地亚、拉脱维亚、马其顿和塞黑。

《欧洲专利公约》与欧盟（European Union，EU）不同，且各自成员也略有区别。保加利亚、冰岛、列支敦士登、摩纳哥、罗马尼亚、瑞士和土耳其是欧洲专利公约缔约国，但非欧盟成员，马耳他则相反。《欧洲专利公约》通过欧洲专利局单一且统一的程序提供授予专利权的标准化法律框架。一件申请可以向欧洲专利组织的专利局提交；如果当地法律允许，也可以向缔约国专利局提交。虽然欧洲专利公约涉及准司法性质的第三方异议程序，但是专利侵权则根据发生地国家主管当局的法律处理。

世界知识产权组织（World Intellectual Property Office，WIPO） 根据《建立世界知识产权组织公约》（The convention Establishing the World Intellectual Property Organization），世界知识产权组织于 1967 年 7 月 14 日在瑞典斯德哥尔摩成立。世界知识产权组织的任务是"促进全球范围内的知识产权保护"。目前，世界知识产权组织共有 185 个成员国，管理着 23 个国际知识产权条约。

世界知识产权组织于 1974 年成为联合国的专门机构。世界知识产权组织的重要职能（参见下表）包括管理两项重要的国际知识产权条约，《专利合作条约》和《巴黎公约》。

世界知识产权组织的职能

知识产权保护条约	全球保护体系条约	分类体系条约
● 《保护文学和艺术作品伯尔尼公约》（Berne Convention for the Protection of Literary and Artistic Works）	● 《国际承认用于专利程序的微生物保存布达佩斯条约》（Budapest Treaty on the International Recognition of the Deposit of Microorganisms for the Purposes of Patent Procedure）	● 《建立工业品外观设计国际分类洛迦诺协定》（Locarno Agreement Establishing an International Classification for Industrial Designs）

知识产权保护条约	全球保护体系条约	分类体系条约
• 《发送卫星传输信号布鲁塞尔公约》（Brussels Convention Relating to the Distribution of Programme – Carrying Signals Transmitted by Satellite）	• 《工业品外观设计国际保存海牙协定》（The Hague Agreement Concerning the International Deposit of Industrial Designs）	• 《商标注册用商品和服务国际分类尼斯协定》（Nice Agreement Concerning the International Classification of Goods and Services for the Purposes of the Registration of Marks）
• 《视听作品国际登记条约》（Treaty on the International Registration of Audiovisual Works – Film Register Treaty）	• 《保护原产地名称和国际注册里斯本协定》（Lisbon Agreement for the Protection of Appellations of Origin and Their International Registration）	• 《国际专利分类斯特拉斯堡协定》（Strasbourg Agreement Concerning the International Patent Classification）
• 《制止商品产地虚假或欺骗性标记马德里协定》（Madrid Agreement for the Repression of False or Deceptive Indications of Source on Goods）	• 《商标国际注册马德里协定》（Madrid Agreement Concerning the International Registration of Marks）	• 《建立商标图形要素国际分类维也纳协定》（Vienna Agreement Establishing an International Classification of the Figurative Elements of Marks）
• 《保护奥林匹克会徽内罗毕条约》（Nairobi Treaty on the Protection of the Olympic Symbol）	• 《商标国际注册马德里协定有关议定书》（Protocol Relating to the Madrid Agreement Concerning the International Registration of Marks）	
• 《保护工业产权巴黎公约》（Paris Convention for the Protection of Industrial Property）	• 《专利合作条约》（Patent Cooperation Treaty – PCT）	
• 《专利法条约》（Patent Law Treaty）		
• 《保护录音制品制作者防止未经许可复制其录音制品公约》（The Convention for the Protection of Producers of Phonograms Against Unauthorized Duplication of their Phonograms）		

71

知识产权保护条约	全球保护体系条约	分类体系条约
• 《保护表演者、音像制品制作者和广播组织罗马公约》（Rome Convention for the Protection of Performers, Producers of Phonograms and Broadcasting Organizations • 《商标法新加坡条约》（Singapore Treaty on the Law of Trademarks） • 《商标法条约》（Trademark Law Treaty – TLT） • 《保护集成电路知识产权的华盛顿公约》（Treaty on Intellectual Property in Respect of Integrated Circuits） • 《世界知识产权组织版权条约》（WIPO Copyright Treaty – WCT） • 《世界知识产权组织表演和录音制品条约》（WIPO Performances and Phonograms Treaty – WPPT）		

《专利合作条约》（Patent Cooperation Treaty，PCT） 《专利合作条约》是世界知识产权组织管理的最重要条约之一，规定了专利申请的国际统一程序。《专利合作条约》是"专利合作条约华盛顿外交会议（The Washington Diplomatic Conference on Patent Cooperation Treaty）"的产物，于1970年6月19日签署，有18个缔约国。目前，缔约国数量已增至146个。

根据《专利合作条约》提交的专利申请可简称为国际申请（international applications），这种申请不会产生专利（不存在PCT专利的概念）。《专利合作条约》允许以一种语言向一个国家（受理局）提出申请，同时指定所有缔约国并创建唯一的优先权日；申请提交后，国际检索单位（International Searching Authority，ISA）会进行国际专利性检索；初步检索之后，申请人可以选择国际初步审查单位（International Preliminary Examination Authority，IPEA）进行没有约束力的专利性审查。

《专利合作条约》有利地将成员国提出国家申请的时间推迟到自优先权日起 30 个月。在进入国家阶段之前，国际申请的申请人可以选择查看有关其申请专利性的国际初步审查报告（The Preliminary International Examination Report）。尽管在《专利合作条约》下对国际申请进行审查可能需要数千美元，但与在一个或多个国家分别进行审查相比，仍然是一个更为经济的途径。

国家主管部门（National Authorities）　几乎每个国家都有负责知识产权保护的机构。即使在囊括大量数据的复杂数字世界中，对每个专利局进行检索也几乎是不可能的。但是，通过下列国家的专利和公开申请，你可以检索到由工业国家公开的大部分专利文献：澳大利亚、加拿大、EPO、法国、日本、德国、韩国、PCT/WIPO、英国、美国。

全文检索主要外国专利文献

全文英语语言记录的外国专利文献非常少见。欧洲专利局的授权专利以及 PCT 专利申请会有英语名称和权利要求书，偶尔会有英语撰写全文的专利文献。当然，英国、加拿大和澳大利亚的专利是以英语公布的。

一般来说，可以通过专利主管部门各自的数据库对主要外国专利文献进行全文检索。美国、英国、EPO、法国、德国、日本、韩国和 WIPO 等主要专利主管部门都提供对其专利文献数据库的在线检索。使用者应当了解各国专利局数据库覆盖的日期范围。

另外，一些基于网络的订购服务也可以进行外国专利文献数据库的全文检索。这些资源可以很便捷地快速检索多个数据库，并且通常具备图像检索功能。

外国语言的关键词和简单翻译　对国外专利进行全文检索的主要挑战

是使用外国语言关键词构建有效的检索表达式。使用由两个词构成的概念或短语作为检索字符串时，要注意检索式的词序在翻译时可能需要改变。比如，假设正在进行有关"aspartic acid（天冬氨酸）"的检索，并且需要检索法国专利文献。在法语中，英文单词"acid"是"acide"，"aspartic"是"aspartique"。但是，如果输入"aspartique acide"（包括引号）作为检索字符串，会返回错误的结果。因为根据在句中的不同用法，这个短语可以分别表现为"acide aspartique"，"l'acide aspartique"或"d'acide aspartique"。

通过以下途径可以得到完整外语词汇的正确形式：以英语检索字符查询欧洲专利或 PCT 文献数据库，并将检索限定在名称、摘要和权利要求书字段内。如果结果列表中包括以相关语言原始公开的文献，就可以通过浏览外语名称和权利要求书确定检索字符文本的外语对应词。比如，在 esp@cenet 中查询"aspartic acid"，会返回专利文献 EP1091929，Secondary Aspartic Acid Amide Esters，该文献的法语名称为"Esters D'amides Secondaires D'acide Aspartique"。

你甚至还可以发现使用"aspartic acid"的法语同义词——"acide d' asperge"——的文献。对比 EP0855915 中的两个英语和法语权利要求：

- Topical composition according to claim 1 characterized by that it is containing D – aspartic acid as amino acid.

- La composition topique selon la revendication 1 caractérisée par qu'elle contient D – acide d'asperge comme acide aminé.

使用机器翻译评估外国技术　国外文本检索的下一个障碍是外语检索结果的翻译。互联网翻译网站，尽管不够准确，但可以作为确认外语检索结果关联性的便捷途径。AltaVista 的 Babelfish（http：//babelfish. altavista. com）❶ 是比较流行的翻译工具。为了说明这些工具的局限性，请对照 Alta-

---

❶ 译者注：AltaVista 于 2003 年被 Yahoo 收购，其在线翻译服务 Babel Fish 在 2012 年 6 月被终止，用户被转向微软必应翻译（http：//www. bing. com/translator/）。

Vista 对上文法语权利要求的英语翻译：

● La composition topique selon la revendication 1 caractérisée par qu'elle contient D – acide d'asperge comme acide aminé.

● The topics composition according to the characterized claim 1 by which it contains D – acid of asparagus like amino acid.

如上例所示，机器翻译服务会变换词序，而且无法识别专业的化学、电学、机械或计算机相关术语。不过，对只以非英语语言公布并且没有美国、EPO 或 PCT 专利族成员的专利而言，这是确认其内容的便捷途径。

互联网翻译在执行简单的本国语言检索时很有价值，参见下例：

命　中	条　件
1398	专利说明书全文："Jet d'encre" 数据库：FRA 检索时间范围：1836 ~ 2006
57	专利说明书全文：inkjet or（ink adj jet）

可见，简单的本国语言翻译显著改变了返回的结果。

检索摘要数据库　检索非本国语言外国专利的另一个策略是检索摘要数据库。执行此类检索时，需要对检索式进行适当的格式化——并不完全是全文检索时使用的检索式。因为摘要通常是对文献的简要概述（100 ~ 200 字），检索时，所有位置运算符应转化为布尔运算符，并尽可能将技术方面的专有术语替换为宽泛的功能术语。

下面的例子演示了将全文检索表达式转换为摘要检索表达式前后的区别。

全文检索表达式：

序号	命中	条件
1	8,907	专利说明书全文：（（radio or rf or infrared or ir or ultrasonic or（wi adj fi）or bluetooth or satellite or laser）*with*（transmit * 5 or transmission or send * 4 or receiv * 3 or reception or signal * 4 or messag * 3 or data））*same*（vehicle or car or truck or automobile）
		数据库：JP
		检索时间范围：1836～2006
2	2,198	专利说明书全文：（（（cut or shut or turn）adj off）or cutoff or shutoff or disconnect * 3 or break * 3）with（（fuel adj（pump or line or inject * 3））or ignition or distributor or spark or plug or wire or batter * 3 or power or electric * 3 or circuit）and（vehicle or car or truck or automobile）
		数据库：JP
		检索时间范围：1836～2006
	58	组合 1 和 2

现在，将第一个检索式中的位置运算符转换为布尔运算符，并在第二个检索式中使用更宽泛的功能术语，返回的结果数量显著增加了。

序号	命中	条件
3	9,890	专利说明书全文：（（radio or rf or infrared or ir or ultrasonic or（wi adj fi）or bluetooth or satellite or laser）*and*（transmit * 5 or transmission or send * 4 or receiv * 3 or reception or signal * 4 or messag * 3 or data））*and*（vehicle or car or truck or automobile）
		数据库：JP
		检索时间范围：1836～2006
4	100,331	专利说明书全文：（disabl * 5 or imped * 4 or block * 3 or prevent * 4 or inhibit * 3 or restrict * 3 or stop * 4）and（vehicle or car or truck or automobile）
		数据库：JP
		检索时间范围：1836～2006
	2,412	组合 3 和 4

如上所述，仅将第一个检索式中的位置运算符转换为布尔运算符，并在第二个检索式中使用更宽泛的功能术语后，返回的结果数量从 58 个增

至 2412 个。

增值工具

德温特世界专利索引（Derwent World Patent Index，DWPI）　Thomson Derwent 囊括了由 42 个专利主管部门公布的超过 2600 万件专利文献，包括欧洲专利局、法国、德国、日本、英国、美国和世界知识产权组织。DWPI是进行全球现有技术检索的杰出工具，因为每篇文献都会由本技术主题专家用英文重新撰写 200~500 字的摘要，这成为 DWPI 最大的优势，它极大地提高了检索人员利用非英语专利文献的能力。

此外，DWPI 还包括全球范围内的相关专利申请信息。

有许多专利检索引擎都可以用来检索外国专利。但是，在多数情况下，外国专利的英文内容只能通过检索摘要得到，而且检索方式不同于全文数据库的检索式。

检索非专利文献

星期天早晨，你走向车道尽头取回报童随手扔来的报纸。打开头版，你开始阅读标题。报纸上详细记述了昨天晚上和前一天世界上发生的事情，它们能满足你的阅读需要。读完后，你把报纸放进了垃圾桶，继续上午的例行日程。如果有人告诉你报纸也属于非专利文献（Non-patent Literature，NPL）的话，你大概会觉得这人有点不正常。但是，在知识产权的世界，这份报纸可能会价值数百万美元，因为任何注有日期的文字对知识产权的确认都非常重要。

美国专利商标局对"知识产权"的定义是：能够共享，或使他人能够重现、模仿或制造的创造性的作品或者创意。非专利文献对不同的人意味着不同的东西。面对全世界海量的非专利文献，你会觉得检索是一项不可能完成的任务，无限的、纯粹的知识看似会使所有的检索无功而返。但是，通过正确的工具和知识，检索人员以最少的时间和精力完成这项任务也并非不可能。

今天，随着在线检索引擎的到来以及信息流动的发展，个人网页虽然还比较松散，但是它也已经成为知识的重要来源。非专利文献遍布我们的四周。知识产权保护唯一的前提条件是必须能够确定日期。这个日期是一个提示，意味着公众从这天开始可以充分利用出版物中的信息。该前提使非专利文献大大减少，因为相关日期必须可以被证明。

也许你会问什么是发明，所谓的现有技术有没有边界？这个问题非常好，因为目前的定义是模糊的，而且通常被宽泛的解释。美国专利法第102条对现有技术的定义是："任何人应当被授予专利权，除非"出现下列情形之一。

第一，如果在专利申请人完成发明以前，"该发明在本国（美国）已为他人所知或使用，或者在本国或国外已获得专利或在印刷出版物中公开"，那么该申请人不会被授予专利。因此，如前文所述，以下情况就很好理解：如果你在美国，并且发明 A 在发明 B 之前已经公开存在，那么发明 B 就无法获得专利；如果发明 A 在美国以外公开存在，但是并未记录在出版物中或获得国外专利，那么发明 B 是可以获得专利的。

第二，如果"在向美国提交专利申请一年之前，该发明在本国（美国）或外国已获得专利或在印刷出版物中公开，或在本国已公开使用或者销售"，那么该专利申请将被驳回。这些文字非常关键。在讲述上一段内容时，我们并不关心现有技术是否存在于发明日之前。现在，我们必须考虑现有技术是否存在于专利申请日一年之前。该条款的另一个重要意义是，发明人必须在所述发明公开之日起一年内提出专利申请；否则该申请将被驳回。此外，该条款还将全球范围的出版物都作为现有技术；一旦印刷即适用此款。但是前文所述的公开使用只适用于美国境内。

最后，如果该项发明在向美国提交专利申请前，已经在外国取得专利权，并且该外国申请在美国申请日 12 个月之前提交，那么该专利申请人不会获得美国专利。因此，为了避免对自己的发明造成不利影响，必须在外国专利授权之前提交美国专利申请，而且不能超过该外国专利申请之日起 1 年。该条款的存在，使发明人无法通过多年向不同国家申请专利，将原来 17 到 20 年的保护期限无限延长，以此扩展对发明的垄断权。

既然我们已经界定了与非专利文献有关的现有技术，下面就将探讨如何进行检索。前文的论述可能已经排除了大量现有文献，但是众多的相关非专利文献仍然存在。从哪里取得这些信息呢？我们将在第六章进行介绍。

相关技术领域的特有问题

生物技术

自 Stanley Cohen 和 Herbert Boyer 的美国专利 4,237,224 "Process for Producing Biologically Functional Molecular Chimeras（用于生物功能分子嵌合体的方法）"申请之日起已经过去 30 年了。实际上，1979 年 1 月 4 日标志着现代生物技术的诞生。从那以后，全球的专利局都经历了生物技术领域专利申请数量的急剧增长。生物技术是复杂的，要求优秀的检索人员运用审慎的方法构造文本、分类、序列和化学结构检索式。

化学和生物技术专利检索与机械和电学专利检索没有什么不同。检索人员制定关键词和分类检索式，并应用于不同的专利数据库。通常，形成全面的同义词列表需要进行大量的研究。大多数生物技术的同义词并不是直观明显的。发明很少包括同义词的完整列表，即使最终用户也可能不清楚一个特定分子或类分子的所有同义词。

化学和生物实体的引用方式多样，因此在处理化学名称时要格外小心。目前，至少有两个公认的有机分子命名系统。国际理论与应用化学联合会（International Union of Pure and Applied Chemistry，IUPAC）和美国化学文摘（Chemical Abstracts Service，CAS：美国化学学会的一个分支）各自拥有独立的化学命名规则。在专利文献中，已知的化学实体还会以多种常用名，甚至品牌名称引用。大多数化合物会在 CAS 注册并被分派一个 CAS 号（或"登记号"）。对从业者和专利撰写人员来说，这个编号是对化学实体的另一个引用方式。除了品牌、常用名、常规化学名称和编号外，生物分子和化学实体或许还有与它们发现或研制方式和地点有关的同义词。新发现的化合物会以临时名称引用。这些临时名称一般源自化合物研发企业的名称或在发现化合物的实验中有重要意义的数字。在临床研发阶段经常会看到这样的化合物。

例如，对著名戒烟药物 Zyban 的活性成分进行文本检索时，需要包括品牌名称、常用名、登记号、临时临床参考名称以及 IUPAC 和其他命名规则下的化学名称。

以下为上述 Zyban 的文本检索式：

Zyban or wellbutrin or prestwick or Bupropion or Amfebutamon or "31677 – 93 –7" or "34841 –36 –6" or "HSDB 6988" or "NSC 315851" or "1 – （3 – chlorophenyl） –2 – （tert – butylamino）propan –1 – one" or "2 – （tert – Butylamino） –3′ – chloropropiophenone" or "m – Chloro – alpha – tert – butylaminopropionphenone" or "m – Chloro – alpha – tert – butylaminopropiophenone" or "alpha – （tert – Butylamino） – m – chloropropiophenone"

国家生物技术信息中心（The National Center for Biotechnology Information，NCBI）是美国国家医学图书馆（U. S. National Library of Medicine，NLM）的一个下属部门。通过 NCBI 和 NLM 的网站并利用不断扩展的免费功能和工具已经成为检索人员进行生物技术非专利文献检索必须具备的能力。美国国家医学图书馆是的美国国家卫生研究院（The National Institutes of Health，NIH）的重要资源，该研究院隶属于美国卫生和公共服务部（U. S. Department of Health and Human Services，HHS）。

通过 NCBI 运营的 Entrez 可以在线访问大量免费的生命科学信息资料。Entrez 检索涵盖出版物、基因序列、化学结构式以及与特定专业数据库相关的信息，比如标记、绘图数据、蛋白质结构和域数据，甚至小鼠中枢神经系统基因表达谱。

你也许会检索将研究成果公之于众的出版物。PubMed 在这方面会很有帮助。它的数据来源于超过 4600 个的生物、生物化学和医学期刊。PubMed还有原始的 MEDLINE 和 PubMed Central 数据文件。PubMed Central 是免费的生命科学期刊文献全文数据库。

期刊文献一般都不是免费的。不过大多数全文信息可以在线购买，目前每篇论文的价格是 3～20 美元，或者也可以进行短期订阅。有些期刊提供全文订阅，大部分还可以通过一些大型订阅服务商获得。虽然价格比较高，但这是检索人员获得全文资料的唯一途径。对于在论文的材料和方法（Material & Methods）部分公开的某些内容来说，由于该内容在对名称、摘要和关键词的检索中并不明显，因此很可能无法发现。认识到这点非常关键。

以下是一些提供出版物订阅服务的机构。其中有的专注于生物技术领域，有的则涉猎较广，涵盖范围并不局限于化学领域。根据你的使用情况，按照自己的实际需求选择相应的订购服务是比较明智的做法：

- Elsevier Science Direct
- Lippincott Williams & Wilkins
- Springer Link
- Oxford University Press

通过 Thomson Dialog 或 STN by Fiz Karlsruhe 等商业检索引擎还可以访问其他非专利文献资源。生物技术领域的专利检索人员通常会选择下列数据库。

BIOSIS BIOSIS Previews/RN 涵盖了原始研究报告、综述以及生物学和生物医学方面的美国专利，涉及天体生物学、动物学等各学科领域。BIOSIS的数据来源于期刊、杂志、学术会议、综述、报告、专利和短讯。可以对著录信息、补充术语、摘要和 CAS 登记号等进行检索。

发行方	BIOSIS
时间范围	1969 年至今
数据量	890 万
更新频率	每月四次
文件类型	著录信息
内容	生物科学
语言	英语

BIOTECHABS/BIOTECHDS 德温特生物技术文摘（Derwent Biotechnology Abstracts）收录了全球范围内从基因操作到生化工程，以及发酵和下游加工过程等各领域的生物技术文献。BIOTECHDS 只对其订阅者开放，非订阅者可以访问 BIOTECHABS。数据来源于期刊、专利和学术会议，其中大约30%是专利文献。可以对专利信息、著录信息、摘要和受控词等进行检索。

发行方	Derwent Publications Ltd.
时间范围	1982 年至今
数据量	150 万
更新频率	每两周
文件类型	著录信息
内容	生物技术
语言	英语

化学文摘（Chemical Abstract，CA） 化学文摘数据库涵盖生物化学、化学和化学工程的各学科领域，收录了自 1967 年至今在纸质化学文摘上报道的文献。目前的数据来源于超过 9000 种期刊、来自 26 个国家和 2 个国际专利组织的专利、技术报告、书籍、学术会议和学位论文。著录信息、索引词和 CAS 登记号均可检索。超过 87% 的记录还包括 CA 文摘，其文本也是可检索的。此外，还提供培训用数据库——LCA。

发行方	CAS
时间范围	1967 年至今
数据量	1100 万
更新频率	每周两次
文件类型	著录信息
内容	生物化学、化学、化学工程
语言	英语

农业文摘（CAB Abstract，CABA）　　农业文摘数据库收录了全球范围内农学相关领域的文献，包括生物技术、林学和兽医学等。CABA 的数据来源于杂志、书籍、报告、论文、学术会议和专利。可通过著录信息、索引词和摘要进行检索。

发行方	CAB INTERNATIONAL
时间范围	1979 年至今
数据量	210 万
更新频率	每月
文件类型	著录信息
内容	农学
语言	英语

化学

STN 是由美国化学文摘（CAS）、德国卡尔斯鲁厄专业信息中心（FIZ‑Karlsruhe）和日本科技情报中心（JST）共同合作经营的国际联机检索系统。STN 可以查询 CAS 化学物质登记数据库（CAS Registry）和 DWPI 的化学结构图，还可以检索相同的化学结构以及具有附加或/和可变取代基的子结构。高级检索人员还可以检索 MAR PAT 数据库，包括具有族性或马库什

（Markush）结构的专利。每个族性或马库什结构代表了具有相同子结构的多种具体结构。化学结构查询功能可以用来检索没有用常规标准引用的化学中间体和化合物，是关键词和分类检索的完美补充。目前，在这些昂贵的数据库中，STN 是唯一可以执行结构检索的工具。STN 的缺点之一就是过于昂贵，特别是对 STN 定价结构还不熟悉的新手。因此，强烈建议在各地或网络上提供免费的专业培训。一般来说，结构检索不能作为唯一手段，只可以作为其他检索方法的补充。

许多生物分子是聚合物。DNA 和 RNA 是核酸聚合物，蛋白质（或多肽）是氨基酸聚合物。构成这些聚合物的序列决定了分子的结构和特性。基因序列对科学家和发明家也极具吸引力，它们通常是生物技术专利检索的目标。最全面的序列检索会使用 STN 查询工具直接检索 DGENE（德温特基因序列）或 PCTGEN（PCT 申请基因序列）数据库。DGENE 数据库是国际专利基因序列信息最全面的来源。PCTGEN 包括 PCT（WO）申请的基因序列信息，与 DGENE 是重复的。作为独特的化学实体，生物聚合物与其他类型的分子一样会进行 CAS 化学物质登记，并被分派一个数字登记号。因此也可以使用 STN 序列工具在化学物质登记数据库中查询基因序列。随后，在 DGENE 或 DWPI 数据库中对得到的登记号进行交叉引用，就可以发现包含该序列的专利文献。

国家生物技术信息中心（NCBI）在其主页上提供免费的 Genbank BLAST 序列相似性检索系统（Basic Local Alignment Search Tool，基本局部联配检索工具）。BLAST 简单易用，参加定期的免费培训课程可以帮助了解其中的一些晦涩难懂之处。比如，研究人员可能会过滤检索式中的"普通基因序列"以避免无关的结果（NCBI 的默认值是选择过滤），但专利检索人员则不会选择过滤这些"低复杂性区域"，因为他们通常对精确的基因序列——尽管很复杂，且非具有变革意义——更感兴趣。

可以使用"BLAST"进行检索的 Genbank 数据库之一被称为"Pat（patent，专利）"。Pat 数据库包括授权美国专利基因序列和已公开的欧洲和

PCT 申请基因序列；但是不包括已公开美国申请中的基因序列，而且其欧洲和 PCT 申请也没有 STN 完整。因此，在进行全面专利检索时，不建议使用 NCBI BLAST。不过，如果只做初步检索或只对授权美国专利进行检索，这个工具会很有价值。BLAST 还可以用相同方式检索 Genbank 的"nr"（non-rebundant，非冗余）数据库查找非专利文献。

商业方法

1998 年之前，美国是不允许商业方法获得专利保护的，即专利性的"商业方法排除原则"。但是，1998 年，在 *State Street Bank & Trust Co. v. Signature Financial Group* 案中，美国联邦巡回上诉法院裁决认为，自 1952 年专利法之后，商业方法应当适用与其他工艺或方法相同的专利性法律标准。*State Street Bank & Trust Co.* 案的裁定允许商业方法获得专利保护。Amazon. com 的"一键下单（one – click online payment）"专利（美国专利 5，960，411）是商业方法专利的经典案例。与每次付款都需要经过用户注册、输入信用卡号和有效期并多次点击等多个步骤的传统方法不同，"一键下单"专利可以让互联网用户只点击鼠标一次即可在网站上方便地进行重复付款。虽然 Amazon. com 的这件商业方法专利已经受到 Barnes、Noble 和 IPXL 等多家企业的挑战，但该专利目前仍然有效。

随着电子商务和互联网技术的高速发展，商业方法在过去 20 年经历了显著增长。而且，商业方法的涵盖领域不断扩展，涉及自动化业务数据处理技术、金融数据处理、密码和计算机安全以及商务管理等。在检索涉及金融、商务和管理的商业方法时，具备更多的金融、企业管理和经营方面的背景会很有帮助。

大部分商业方法技术被分入美国专利商标局分类体系的大类 705，它包括对金融、商业实践、管理或费用/成本确定的数据处理❶。但是，其他可

---

❶ 译者注：参见 http：//www. uspto. gov/web/patents/classification/uspc705/sched705. htm

以被划为"商业方法类"的技术，如教学方法、玩游戏方法以及增加作物产量的方法，会根据其应用被分入或交叉分入其他分类领域。因此，进行商业方法检索时，应当考虑并查询多个技术领域。

在审查商业方法的专利文献时，不能只关注图表、附图和流程图。一般情况下，商业方法会在说明书中进行全面的描述，但不会体现在图表中。此外，同机械领域一样，商业方法有许多描述相同步骤的通用名称。在制定文本检索策略以及同义词的使用时应当深思熟虑。

在三大专利局（美国、欧洲和日本）中，欧洲对商业方法专利的要求最为严格。欧洲专利公约第 52 条第 2 款规定，商业方法、数学方法、情报的提供和计算机程序不应认为是可以取得专利的发明。但是，许多商业方法申请已经提出并被欧洲专利局授权，因为这些申请的撰写符合欧洲专利公约第 52 条第 3 款的要求。该条款规定，虽然商业方法明确排除在专利客体之外，但是"具备技术特征的一种产品或一种方法可能具有专利性，即使要求保护的主题界定或至少涉及一种商业方法"。在日本，只有包含真实、有形的技术层面的方法才可以获得专利。但只要通过计算机实现的商业方法就具备专利性。因此，检索商业方法专利时，彻底检索国外专利和专利申请是非常有必要的。

由于商业方法领域发展迅速，因此对非专利文献的检索也非常重要。除了像 IP. com，DialogPro 和 STN 之类的非专利文献数据库外，Google 和 Google Scholar 等在线搜索引擎也会通过最新的文章、会议论文、学术论文、公司网站和广告等提供有关最新发展情况的有价值的信息。

计算机、软件和电子

为了进行专利检索，电子和计算机技术可以被分为两类，并且要分别采取不同的检索策略。第一类是硬件，涉及用于完成电子功能的物理元件及其布置；第二类是软件，涉及用于控制硬件执行程序的编码媒体（如磁盘、光盘等）。虽然随着各种机械计算器的发展，计算本身可以追溯至数百年前，但直到 20 世纪，电子和计算机技术才开始对专利世界造成重大影响。

现代电子硬件至少可以追溯至 1948 年 John Bardeen 及其伙伴对晶体管的研发（美国专利 2,524,035），它替代了早期的电子管技术并实现了开关设备的小型化，为收音机、存储装置和计算技术带来多方面的变革。Jack Kilby 及其伙伴在 1959 年研发的集成电路（美国专利 3,138,743）为进一步小型化提供了平台，它可以将具有不同功能（放大、开关、过滤等）的电子元件（晶体管、二极管、电容器等）集成在同一块基片上。

电子硬件的发展被专利文献很好地记录下来。许多电子和计算机硬件相关领域的专利数量庞大，存在很多重叠和交错的专利，形成了所谓的"专利丛林"。专利丛林难以驾驭，本部分（以及之后的电气工程专利部分）将提供一些建议，使检索更具系统化和条理化，以最少的时间投入带来最好的效果。

现代电子软件至少可以追溯至 20 世纪 30 年代。数学家 Alan Turing 构想了一部可以编程以处理算法的理论机。虽然最初只是理论概念，但是确实存在计算工作需要这种"可编程"机器的适应性来执行类似于在第二次世界大战中，为军方计算弹道射击表之类的任务。这些最初的可编程机器由真空管开关构成，但最终晶体管和集成电路技术成为了可编程机器的平台。20 世纪 70 年代早期，Texas Instruments（德州仪器）开发的多用途可编程微处理器（美国专利 3,757,306）等创新成果使我们今天可以享用各种计算机和计算机控制装置。

与计算机硬件不同，计算机软件的相关文献并不完全是专利文献。过去，许多人认为软件专利是无法获得或不可主张权利的，因此几乎没有软件相关的专利申请。此外，开源软件（Open source software）的出现——程序员社区的成员共同进行软件代码开发——也产生了一个散乱的、缺乏完善索引的现有技术来源，给专利检索人员造成了极大的困难。

本部分将提供相关建议，帮助检索人员在软件检索中迅速高效地发现最佳资源，并提高他们找到最佳现有技术的机会。

由于电气技术快速持续地发展，有一些检索特有专利的方法。本部分还会介绍处理此类专利检索的技巧。

对图像检索而言，虽然附图对检索非常有帮助，但计算机技术不像其他技术领域那样有很多的附图。通常，该领域的检索需要理解抽象理念，因为这些发明都是无形的（比如，数据压缩算法、路由引擎、无线调制技术等）。对这些发明进行图像检索时，附图可能会以流程图、状态表、曲线图、数学公式、二进制字符串表示的数据格式，或者接线图（参见图 3.7）等形式出现。

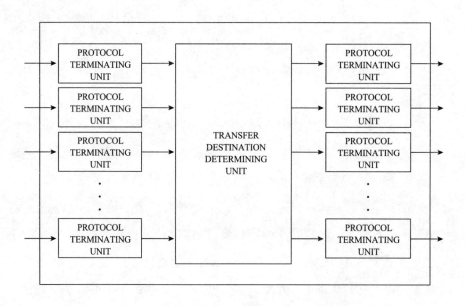

图 3.7　接线图

只根据附图可能很难确定文献的关联性。说明书中详细描述的发明构思，也许并不会在附图中充分披露和阐明。所以，检索人员应当在查看附图后仔细阅读说明书。通常，实施例中会有更多的细节，但不会在附图中显示（参见图 3.8）。

图 3.8　状态表

ADDRESS SECTION		DATA SECTION		
MULTI – PATH ID（M）	TRANSFER PATH NO.（PN）	ALLOCATION STREAM COUNT（PC）	MAX. STREAM COUNT（PH）	MAX. CONTINUOUS ALLOCATION COUNT（PM）
0	0	2048	2048	1
	1	2048	2048	1
	2	0	0	0
	3	0	0	0
	4	0	0	0
	5	0	0	0
	6	0	0	0
	7	0	0	0
1	0	0	0	0
	1	0	0	0
	2	1365	1365	1
	3	1365	1365	1
	4	1368	1366	1
	5	0	0	0
	6	0	0	0
	7	6	6	0
2	0	0	0	0
	1	0	0	0
	2	0	0	0
	3	0	0	0
	4	0	0	0
	5	1365	1365	1
	6	1365	1365	1
	7	1368	1366	1

　　就计算机技术而言，应主要以分类和文本检索查找最佳现有技术。因为计算机技术中的发明构思与功能密切相关，而非结构。机械方面的发明可以通过材料、形状和零件的排列很好地限定，而许多计算机相关的发明

则更关注发明可以做什么（功能），而非发明是什么（结构）。因此，由于附图主要用来说明结构，所以在检索计算机和电子领域时，附图检索就没有分类和文本检索重要了。

美国专利体系一直承认方法的可专利性。但是，在可编程微处理器出现之前，大多数方法都需要人工干预才能完成对物品或设备的制造或使用。多用途微处理器的产生，使方法权利要求书中无需再以人力介入为必要条件，并且通过包括"a controller for…（填写方法步骤）"、"a processor capable of…（填写方法步骤）"和"a computer programmed to…（填写方法步骤）"之类的权利要求限定，允许相同结构的权利要求书。将这些结构的权利要求书直接应用于软件专利曾经在美国法院系统遭遇挑战，但诸如 *State Street Bank & Trust Co. v. Signature Financial Group Inc.*（*Fed Cir.* 1998）的判例已经确认了软件的可专利性，当然，前提是该发明不只是算法，还可以产生有形、有用的结果。

检索人员还应记住，用于计算机领域发明的检索方法不仅仅适用于软件或计算机权利要求书，也适用于大量利用软件获得创新效果的设备。比如，一种采用扫描喷墨打印头的桌面打印机，扫描喷墨打印头在对打印头的交互扫描过程中，从多个微小喷嘴中喷出微小墨滴以形成打印图像。这时，或许会有发明人发现，如果改变墨滴喷射的顺序或时间就可以产生诸如减少热量、降低串扰等有益效果。为此，发明人只需重编打印机控制软件的程序，就能够调整墨水的喷射顺序，而无需改变打印机的任何构件。因此，如果权利要求书涉及打印机或其他具体设备，检索人员必须知道发明的核心是结构还是功能，并相应地制定检索策略。

检索计算机发明时，最好首先确定该发明本质上是功能性的还是结构性的。如果检索人员根据权利要求书进行检索，有一个明显的标志可以确定，即类似"a controller for"、"control means to"、"a memory arranged for"等限定语句的出现。尽管这些限定只涉及存储器或控制部件之类的结构组件，但这些组件实现的功能通常就是该发明的核心，检索人员在组织检索时应当以该发明所解决的技术问题为依据，而非任何结构限定。如果检索人员根据公开内容进行检索，出现用来解释发明的流程图，这通常意味着该发明是功能性的，而非结构性的。

幸运的是，美国和外国专利局已经将许多专利检索分类划分为结构性和功能性领域。如果检索人员确定发明是功能性的，比如软件发明，那么在检索美国专利时，所涉及的分类领域应当在大类 700～707 之中，或为大类 715～717 之一，所有这些分类都与计算机相关发明的数据处理有关。如果检索人员认为发明是结构性的，比如涉及具体元件（移位寄存器、计数器等）布置或互连的专用电子控制电路，那么，大类 326～338 是最合适的检索领域。美国分类体系中，还创建了一些类似大类 708～714 的分类，来同时解决结构和功能特征。另外，如果计算机软件或硬件发明用于控制具体的设备或装置，比如汽车或打印机，那么，最恰当的美国检索领域通常是与这些具体设备相关的分类。在国际专利分类体系（IPC）中，大类 G06 涵盖了计算机领域发明，其中小类 G06F、G06Q 和 G06T 适用于数据处理，小类 G06C～G06E，以及 G06D～G06N 涉及计算结构。相对于美国，IPC 和其他外国分类体系并不情愿处理计算机相关的软件专利，尤其是在涉及商业方法时，所以检索该领域外国专利的效果会比较差。但是，国际专利分类的最新版本（IPC8）包括了基于软件的商业方法的分类领域（G06Q）。更多关于美国和 IPC 分类体系的信息可以访问以下网址：www. uspto. gov/ web/patents/classification/ 和 www. wipo. int/classificaiton/en/ 。

检索通用计算机控制或商业方法软件时，非专利文献的检索难度虽然非常高，但又是必须的，因为软件领域的专利文献不够完整。阅读大量详细论述各种操作系统和编程语言的教科书可以部分弥补专利文献的不足。

通常，专门讲解软件开发概况的教科书中，书目信息是着手进行软件检索的最佳资源。软件领域的检索人员应当建立一个此类书籍的最新资料库。开源软件给检索人员造成了很大的麻烦，因为这些信息通常没有完善的索引辅助检索。目前，美国专利局正在与开源社区合作建立一个编入索引的开源软件现有技术数据库。该数据库很可能成为更好的检索资源。另外，可进行防御性披露的 IP. com 也是最新软件开发信息的理想来源。

由于不同创意和理念在各种平台之间传播，用于现代计算机、计算机网络和互联网的操作和编程系统的软件正在飞速发展。这种扩散在很大程度上是由互联网驱动的，它使程序员对创意的沟通、传播和分享更为便利，刺激了大量对各种技术问题的不同软件解决方案的快速发展。

编程语言中的一个例子正反映了这种现象。Ruby，起源于 20 世纪 90 年代并且结合了多种编程语言的特点，包括面向对象程序设计以及用于互联网服务器的公共网关接口。Ruby 已经（而且将继续）由开源社区开发并持续地更新功能，程序员也将不断地根据具体应用对其进行修改。不幸的是，美国专利文献通常在申请日后 18 个月公开，因此，即使最新的专利或公开申请也已经过时数年。所以，在检索快速发展的软件时，检索人员应当以互联网为主要检索工具，并确定与具体计算机软件相关的社区以发现最新的信息（比如，检索与 Ruby 有关的发明时，http：//rubyforge. org/就是一个理想资源）。通常，这些网站的公共论坛可以为检索人员提供有价值的信息；这些社区的用户和开发者也许会留下联系信息，对他们（注意保密）进行仔细斟酌的询问也许会富有成效。

计算机产业很喜好首字母组合词。"You should bit error rate and time domain reflectometry test that integrated service digital network for far end cross – talk on the unshielded twisted pair category 6" 被写成 "You should BERT and TDR that ISDN for FEXT on the UTP CAT6" 的情况会很常见。如果检索人员正在检索一个可以用首字母组合词表示的构思，为了确保现有技术文献不会因为使用或未使用首字母组合词而被遗漏，相关的首字母组合词和完整表达方式都应当在文本检索式中使用（如 ISDN 或 "integrated service digital network"）。

计算机领域的发明中有许多可以互换使用的术语，即使发明属于不同的技术。比如，packet, cell, frame, datagram 和 envelope 已经被互换使用。

特定领域的关键术语会带来更多麻烦，因为分析人员无法在通用词典中找到 packet 在电信领域的同义词。技术发展过程中，应当对可能替换旧术语的新术语保持关注。

通过相关专利的前向和后向引证，可以增强对普通技术领域中新术语的认识。比如，检索人员在查询手电筒（flashlight）的发明时，也许会认为flashlight 或 flash－light 是该领域普遍接受的术语并以此限定文本检索。但是该术语的使用会造成文本检索的结果偏向使用 flashlight 的文献，并忽略使用其他术语的文献。如果对检索得到的文献进行后向引证检索或前向引证检索，可能会发现一些以 penlight 或 torch 表示 flashlight 的专利文献，将这些术语补入未来的文本检索式中，可以得到对相关技术术语更完善、更准确的描述。

有一些数据库特别专注计算机、软件和电子技术领域。由于计算机技术的快速发展，专利检索人员应当参考多种非专利文献资源。

下列数据库包含了数百万可检索文本记录，在计算机领域非常重要。

- IEEExplore
- Association for Computing Machinery（ACM）
- Softbase
- Ei Compendex
- INSPEC
- National Technical Information Service（NTIS）
- Japanese Science & Technology（JICST－EPlus）
- PASCAL

电气工程（Electrical Engineering，EE）的历史可以追溯至 19 世纪早期。那时已经出现了基本的直流（Direct Current，DC）电动机和发电机，Faraday、Maxwell 等科学家发展了电磁基本理论。但是，电气工程领域的专利活动直到 20 世纪才占据统治地位。

交流电（Alternating Current，AC）发电、输电和配电的发展，以及电灯、无线电、电视等各种使用电能的新装置的出现，形成了电气工程领域专利申请的洪流。结合过去几十年微处理器的计算和可编程功能以及各种传感技术的出现，电气工程经历了爆炸式增长，过去几年的专利申请量高速增长。这种增长在电气工程领域产生了一系列重叠的专利，被称为"专利丛林"。这或许会给专利检索人员造成困扰，因为与软件专利没有足够的专利文献相反，电气工程领域过多的专利文献很难进行分类和整理。

本部分将提供一些建议，帮助检索人员在"专利丛林"中穿行。

尽管分类检索与文本检索都适用于电气工程领域，但多数情况下，后向引证检索和前向引证检索会更为有效。

对电气工程领域进行分类检索的不足之处在于，每个专利小类下通常都包括数百或数千件专利。在检索大量分类号的同时，还要耗费许多时间对数千件专利文献进行分析。即便逐篇查阅了专利，但长时间工作导致的身心疲劳，使检索人员非常可能遗漏高度关联的文献。同样，由于电气工程领域过多的专利文献，美国和外国专利局在该领域创造了许多具有复杂定义的专门的分类号。但这些专利分类定义的完善往往滞后于电气工程技术的发展，专利经常被错误分类，因此，即使对目标发明的专门分类进行全面检索，也会遗漏相关的专利文献。

电气工程领域文本检索的主要缺陷在于，文本检索确定的术语可能已经过时或并不完整。即使是钻研某项技术的研究人员也会惊讶于发明人对相同要素使用的不同术语。许多处于相同领域的公司和独立发明人会以略微不同的方式描述他们的技术。比如，在表示数码打印机的喷墨打印头（inkjet print heads）时，施乐会用 printhead，佳能会用 recording heads，惠普则用 pens，其实指的都是同一个部件。

与上述方法不同，后向引证检索和前向引证检索反而利用了"专利丛林"，化荆棘为坦途，化腐朽为神奇。在优秀的检索人员眼中，密集的专利文献并非丛林，而是由交叉的专利紧密编织的布料。只要沿着正确的线索就可以穿越丛林，迅速通向有价值的结果。后向引证检索可以成功地应用于与检索主题具有相同要素的专利。因为专利审查员的检索几乎完全以权利要求书为依据，他们引用的文献也可能具有权利要求书中的技术特征。前向引证检索可以有效应用于公开了特有技术特征或实施例的专利，无论这些特征是否在权利要求书中。因为专利审查员引用的基础专利或在先专利公开了在后专利试图做出改进的特有技术特征。重复交替地进行后向和前向引证检索，并选择适合的检索结果继续实施后向和前向引证检索，是在密集的技术领域中迅速挑选出最佳结果的有效策略。以下是一些电气工程技术领域的检索技巧。

　　尽管后向和前向引证检索是优选方法，但进行引证检索之前必须要首先确认作为起始点的专利。这可以通过对专利的名称、摘要或权利要求等字段进行文本检索快速实现。www. micropatent. com 等常用的在线检索引擎允许用户检索说明书全文或其中的某部分，比如摘要。对说明书全文进行文本检索通常会产生许多不相关的文献，检索词对其而言只是替代选择或者没有任何重要性。而在摘要、名称或权利要求书中出现检索词的专利文献则更有可能具备关联性。

　　如前所述，虽然在检索密集技术领域时不如反复的引证检索策略有效，但分类检索可以用来查找最相关专利的分类领域。如果引证检索无法达到预期效果而时间又允许的话，分类检索可以作为确认检索穷尽性的必要手段。根据美国或 IPC 的专利分类定义，一般很难确定检索主题的准确分类，尤其在密集、快速发展的技术领域，因为专利分类定义会迅速失去它们的关联性。因此，确定最佳分类检索领域时，可以对摘要、名称和权利要求书进行初步文本检索，并记录其中最相关专利文献的分类号。

　　更多关于美国和 IPC 分类体系的信息可以查询以下网址：www. uspto. gov/web/patents/classification/和 www. wipo. int/classification/en/。

　　进行后向引证检索时，最佳起始专利权利要求书中的技术特征应当与检索目标相同。因为该专利的审查员必须检索这些技术特征，而且可能引用包含相同技术特征的文献。因此，即使检索人员发现的专利在关键日之后，只要其权利要求书中的技术特征与目标发明相同，这件专利就依然可以作为后向引证检索的起点。前向引证检索时，最佳起始专利的基础实施例公开的技术特征应当与检索目标相同。因为相关实施例的改进型专利会频繁引用这些专利文献。

起始专利一旦确定，适当的前向和后向引证检索便可以实现检索空间的扩展。从引证检索中选择最佳结果，可以作为下一步引证检索的基础。重复使用这种方法便可以迅速分离与目标发明最相关的专利文献。就像任意两人之间都可以有七个区分的角度一样，人们也认为在同一个技术领域内的两件专利也可以通过有限数量的引用建立联系。

电气工程等密集技术领域的检索应当优先考虑专利文献，非专利文献只能作为次要来源。

在承认未来创新可能性或潜力的前提下进行的基础科学研究，是科技（非专利）文献发展的推动力。但是对电气工程的许多创新领域而言，技术的发展已经远远超出了基础科学阶段，专利文献背后的驱动力是商用化前景。因此，作为新发明核心的大多数技术细节，主要出现在电气工程相关的专利文献中，不过也有一些例外。比如，传统电气工程结构中对新材料的使用，也许会出现在非专利文献中并需要专门检索。以下内容会进行介绍。

一些新兴的电气工程技术虽然并不密集，但涉及最新研发的材料或结构，会使检索人员面临特殊的挑战。虽然之前所说的引证检索策略仍然有效，但为了确保检索的成功和全面，通常还需要采用其他的技巧。对这些领域的检索，不仅可以使检索人员有所收获，还可以让期望充分开发这些新型材料结构潜能并尽快掌握新兴技术发展情况的发明人受益匪浅。两个特殊的领域——微电子机械系统（Micro Electromechanical Systems，MEMS）和纳米技术，由于广泛地应用于传感器、光继电器、内存架构等电器工程相关领域而产生了极大的影响。

MEMS 兴起于 20 世纪 80 年代。作为集成电路制造技术的改进，MEMS

可以构建微米级别的三维结构。这种结构能够根据电输入控制弯曲度，或者根据动作、温度、辐射或压力等外部效应产生电输出，被广泛应用于传感器（动作、化学等）、打印机喷墨元件、射频开关、生物处理设备以及制造显示器或光纤开关设备的反射元件等。

纳米技术利用粒径小于 100 纳米的晶体材料或特定几何形状的分子结构实现新的材料性能。基于量子效应或化学效应，纳米材料具备强化的力学、电学、光学和磁学等特性。与传统的电气工程结构或元件相结合，这些材料目前被用来制造各种新型存储系统、平板显示器以及化学和生物传感器。

虽然范围有限，但美国和 IPC 分类体系中有一些分类领域用于处理MEMS 和纳米技术方面的发明。IPC 分类体系中，小类 B81B 涉及微观结构的装置和系统，小类 B81C 则专门适用于制造或处理这种装置或系统的方法或设备。美国分类体系中，大类 438 用来处理 MEMS 设备的制造工艺。美国分类体系最近开辟了一个新的大类 977 专门处理纳米技术；IPC 的小类B82B 也涉及该领域，只是范围更窄。

更多关于美国和 IPC 分类体系的信息可以查询以下网址：www.uspto.gov/web/patents/classification/和 www.wipo.int/classification/en/。

如果新的技术效果来自对新材料或结构的使用，而非原有材料或结构的不同组合，那么在检索时可以通过追踪专利的关键发明人或受让人确定最相关的文献。在技术发展初期，单个发明人或受让人通常掌握大部分的基础理论，通过其拥有的专利可以迅速全面地了解技术发展概况。比如，Nantero 公司是基于纳米管存储设备的早期参与者。在专利检索引擎的受让人字段检索"Nantero"可以出现该公司目前所有的 19 件专利（本书写作时）。查看这些专利引用的文献后，检索人员可以快速了解 Nantero 及其他发明人在该技术领域的发展与现状。需要注意的是，不能将这种方法原封不动地应用于涉足新兴技术的大型公司，如惠普和佳能等。因为这些公司的专利组合非常庞大，只进行受让人检索的结果很难让人满意，需要通过其他途径（发明人、关键词等）改善检索效果。

MEMS 和纳米技术等新兴技术用途方面的授权专利会引用大量的非专利文献。这些领域专利的保护范围很宽，为了确保专利审查员考虑了所有相关文献，发明人和律师会大量引用与专利申请理论和实验背景有关的支持性科技论文。因此，对研究引用文献的专利检索人员而言，对专利数据库的检索还会产生相关的非专利文献。

当然，对新兴技术来说，专利以外的来源也必须认真考虑。由于存在大量的科技期刊，检索人员很难确定并选择最佳文献。这时，检索人员可以将通用教科书中的书目信息作为提供新兴技术引文索引的最佳资源。新兴技术领域的检索人员应当建立一个相关技术领域通用教材的资料库。

机械工程

专利附图可以迅速确定机械发明的创新点、重要技术特征以及结构位置。以订书机为例，阅读以下文字："与普通订书机需要将纸张放置在订书机末端不同，本发明涉及的订书机可以将纸张放置在基座和装订部分之间。所述订书机还具有一个由铰链相对端伸出的杠杆装置，可以让使用者施加更大的力量，装订更多的纸张。"与说明书相比，通过附图可以更直观地了解使用方法。在机械领域检索中，附图提供的信息通常与文本检索相差无几。检索机械领域的现有技术时，可以参考以下原则：

- 查看相关文献的所有附图。有一点必须要注意，扉页的附图不一定是最具代表性的。如果一篇文献可能具有关联性，应当查看其所有的附图。如果某张附图引起了你的注意，应当在说明书中找到与之有关的相应内容。另外，有些文献的附图可能会出现相关的技术特征却没有相应的文字描述，那么该文献的创新点也许与你的检索毫不相干。

- 专利说明书不一定会有帮助。由于机械领域专利文献充斥着难以进行文本检索的通用术语、短语和同义词，说明书可能无法表明机械部件之间的位置关系。

- 认真选择检索引擎。查看所有的附图非常重要，应当选择具有这种功能的检索引擎。

与其他技术领域相比，机械领域专利文献的命名约定比较少，因此存在大量以不同方式描述相同事物的现象。而且，用于表示零部件的同义词也会造成误导。

机械领域中，较早专利文献中的隐含信息通常是简单机械装置的极好参考。比如，1895年的美国专利550，334公开了一种自行车链轮机构的传统设计，特别是链轮的设计以及辐条与链轮的配合关系。由于该技术已经众所周知，所以此后的相关专利可能只会对其一笔带过。美国专利2006/0061207披露了一种链轮系统，但其中并不涉及辐条之类的常见内容，因为这些已经成为现有技术。该专利关注于用来固定链轮的连接件，以及制造所述链轮的材料和制造方法。尽管多年来链轮的设计有所改进，但是辐条设计的创新空间很小。一些专注于该领域的古老专利文献很可能会公开上述技术方案的细节。如果检索主题是链轮总成中的辐条系统，那么就可以参考较早前的文献，因为那时的辐条系统会有更多的变化和灵活性。另外，有些技术或许曾在多年前昙花一现并已经被遗忘，但很有可能会在不经意间被重新发明。

评估检索时间

完成一次全面、彻底的检索需要投入多少时间？答案因检索而异，很难界定。公司内部的检索人员一般会有足够的时间和机会来满足需求。否则，对基本的关键词进行简要概述，并以此分配用于整理专利文献并完成报告所需的时间。在检索的结论部分，分析人员可以建议对某些无暇顾及的领域进行补充检索。这种方式可以帮助你高效、及时地完成尽可能最好的专利检索。

第四章 专利分析

本章将介绍现有技术检索与专利分析之间的区别。此外，还会就如何在正式报告中呈现专利分析的结果提供一些具体指导。本部分介绍的内容只是专利分析的冰山一角，旨在为专利检索人员抛砖引玉。

专利分析的前世今生

据估计，目前电子化的专利文献已达到 4000 万篇。毋庸置疑的是，无论实际数量是多少，可以有效检索的结构化专利信息量是巨大的。这个行业在 1980 年仅涉及数量有限的索引和摘要，而如今则已经涵盖了数千万篇的全文文献。

专利数据可用性的激增使专利检索的质量得以显著提高。更重要的是，可检索专利数据的巨大资源，将改变全世界企业和咨询公司的竞争情报功能。一叶知秋——通过优秀的行业期刊《世界专利信息》（World Patent Information）过去几年发表的文章，就可以察觉数据可得性的发展趋势。

专利已经不再只为法律界所关注。为了实现战略性商业目标，许多大型企业的业务、产品和研发经理都在进行专利信息的监控和分析。院校中，专职负责技术转移的技术经理人团队也在做同样的事情。企业聘请分析师、顾问以及许可专家，进行研发策略、专利组合评估和技术情报方面的工作。如果从未留意过专利评估、拍卖、索引、钓饵、《尘封的商业宝藏》❶ 等方面的话题和言论，外行是无法"读懂"知识产权的。你会在未来看到更多类似的发展和变化。专利咨询行业将始终存在。

专利信息是全世界技术信息的最主要来源。由于其中的大部分易于获取，分析人员可以进行检索、对比以及合并。因此，本章将对专利分析进行简要介绍。

检索 *vs.* 分析：有何差异？

或许你会问"专利检索和专利分析之间有什么不同？它们难道不是一回事么？"答案是否定的。现有技术检索试图查找专利和技术出版物方面的证据，帮助律师评估专利性、新颖性、确权、侵权或现有技术状况，其目的是发现技术上相关的资料以解决具体的法律需求。

专利分析以相同的检索类型为基础，即分析人员基于相同的数据库，采用与现有技术检索相同的方法进行检索。但是，专利分析将专利检索扩展到科技评估范畴，来解决业务或研发需求。

通常，产品经理、业务经理、研发团队或知识产权战略家会亲自或委托进行专利分析。除了专利地图外，专利分析的基本特征是通过专利数据之间的对比进行评估，而非专利本身。

为了阐明这些差异，表4.1就专利检索和专利分析进行了对比：

---

❶ 译者注：Rembrandts in the Attic：Unlocking the Hidden Value of Patents，作者 Kevin G. Rivette 和 David Kline。该书将企业的知识产权隐喻为尘封阁楼上的印象派大师伦勃朗（Rembrandts）的名画，呼吁业者应该重视知识产权（特别是专利权），是深具时代意义的书籍。

表 4.1　专利检索与专利分析对比

	专利检索	专利分析
用户	律师和代理人	业务经理、研发经理、产品经理、知识产权战略家
评估类型	最低限度，为律师或代理人提供现有技术证据	技术方面的
目的	协助形成法律意见书；协助进行专利审查和诉讼	解决业务或研发问题；协助发起许可倡议或市场准备；确定研发合作对象
范围	可能深入且广泛，但通常只是对单篇或数组专利文献的法律评价	深入且广泛，通常是对某领域专利文献的技术评估
规模	小型或大型研究	通常为大型研究
数据处理	评估数据的法律影响非常关键	数据的合并和可视化非常关键
使用的工具	有时需要先进软件的辅助	通常需要先进软件的辅助
实施的时间	专利审查前、进行中或专利授权之后的任何时间	通常在法律行为之前，在研发或产品管理阶段进行
风险类型	法律和商业风险高	商业风险高
客户定制化	适度的	高度的
相关用途	解决具体的法律疑难问题	有时作为大型研究的组成部分，比如竞争情报或市场研究

专利分析和报告的特征

现在我们已经明确专利检索和专利分析之间存在着差异，但采用相同的检索方法。下面将对专利分析进行详细论述。以下一些原则也适用于法律检索，但在此处是用来定义与业务相关的专利分析的需求。

设定明确的目标

收到专利分析报告后，最典型的表现是："很好，现在我用它来做什么呢？"为什么会有这样的反应？通常是因为分析人员没有真正理解委托人的目标。因此，在任何专利分析之前，检索人员和检索委托人应当就分析的目标达成共识。

那么，如何确定目标呢？首先，问；然后，像经验丰富的售货员一样，更深入地问。确定隐藏在宣称的目标背后的目标，甚至是背后的背后的目标，直到你理解为止。比如，也许客户并不仅仅只是需要进行专利地图分析，而是因为他的客户正在考虑收购 Acme Inc.，需要专利地图分析来评估其专利的价值。了解研究的目标，可以更好地调整检索和分析的方法及策略。

数据的重要性

即使分析人员和客户（委托方）都了解了分析的真实目标，但是有些分析人员仍然会偏离目标。为什么？罪魁祸首就是"劣质数据"。许多专利分析机构根据特定的自动化工具或算法构建他们的业务实践，而将分析人员的素质和经验放在次要地位。这些工具可以让有经验的分析人员如虎添翼，但它们却无法代替分析人员进行思考。换个方式讲，虽然你应当期望 Daytona 500❶ 获胜者的装备具有一定的品质和标准（比如一台快车），但你最好把赌注押在车辆的驾驶员身上。同样，就专利分析而言，客户应当将赌注押在专利分析人员及其使用恰当工具的能力上，即使这只是意味着他的头脑和简单的电子数据表程序。分析人员的分析能力和判断能力比软件工具更为重要。

分析人员应当对分析主题了如指掌，应当设法了解相关技术、分析过程以及客户的目标；并且只使用最恰当的分析工具来满足客户的需求。其中两个必要条件是，可靠的商业或公共专利数据库；用于操作和呈现数据的电子数据表或数据库管理软件程序。

---

❶ 译者注：纳斯卡 Sprint 杯系列赛每年在美国佛罗里达州德通纳海滩市的德通纳国际赛道举办的首站比赛，长度为 500 英里（805 公里），被认为是最重要和最具声望的纳斯卡赛事。

全面的专利数据库和结果展示方法是分析工具必不可少的组成部分。事实上，可供选择的数据分析和可视化工具非常多，其中有些或许很有用，但都没有电子数据表程序货真价实。

Search Technology 开发了一款出色的可视化工具——Vantage Point。事实上，在本书写作之时，即使 Derwent Analytics 也是以 Vantage Point 技术为基础的。

Microsoft Visio 或 Mindjet Mindmap 之类的软件可以帮助完成数据的可视化和报告功能。但是，任何软件都无法代替你真正地阅读专利，因为典型的分析往往需要考虑众多的专利文献。

捷径的弊端

如果没有时间通读所有专利文献怎么办？请别人帮你做。事实上，一些公司设有内部的专利分析员团队专职从事综合、复杂的专利研究。技术上的捷径是不可取的，因为专利的特有本质要求技术人员以最少量的相关专利数据为基础得出假设或者结论。如同预测球员薪水最高的球队会赢得冠军一样。这的确有一定的相关性，但是并没有那么显著。

最少量相关数据中，专利引证分析是最具欺骗性和迷惑性的。被相对较多的审查员引用的专利通常被认为是该领域的重要技术，但有时并非如此。另外，由于最早的审查员引证要到专利申请之日起三年以后才会向公众公开，所以数据信号是陈旧的。尽管引证检索在专利分析方面存在局限性，但正如第三章探讨的那样，它在现有技术检索中仍然非常有效。

数据的获取

了解分析的主题和目标等内容之后，确定如何开始。首要任务是获取需要进行分析的数据。可以检索包含所需文献的数据库，然后对数据进行分类整理，将相关结果分离、标识并分类。对大批量数据而言，这个过程会令人望而生畏。这也是必须明确定义目标的另一个原因。

许多分析人员会在获取数据时寻找捷径，试图通过检索得到恰好所需的数据，而将其他置之脑后。如果只是大海捞针，这种做法也许有效，如同现有技术检索；但是，如果还需要对其中具有不同程度关联性的各类"针"进行分析，这种做法就无益了。假使检索的技术内容没有严格的界定——比如特定的分子或 DNA 序列，则可以参考以下标准判断检索的全面性。即，如果每 4 项检索记录中具有关联性的记录多于 1 项，那么检索中必然遗漏了重要的内容。你的分析就有可能以劣质的数据为基础。相反，如果检索后根本没有对数据进行分类整理——存在这种情况的报告比预计的还要多，尤其在"厚"分析工具而"薄"分析人员能力的时候——那么，你的分析毫无疑问是以劣质数据为基础的。

比如，C-60 分子，也被称为巴基球（Buckyballs）或巴克明斯特富勒烯（Buck minster Fullerenes）。其实质是足球形状的碳分子。那么，在专利分析中，劣质数据是如何在不经意间产生的呢？首先，检索（Buckyballs or Buckminster Fullerenes）可以得到大部分的 Buckyballs 专利，但是，在人们将所述碳分子称为"Buckyballs"或"Buckminster Fullerenes"之前，发明人提交的早期 Buckyballs 专利却不在检索范围之内。

检索（C-60 and（Buckyballs or Buckminster Fullerenes））仍然会存在同样的问题。如果检索式为（C - 60 or（Buckyballs or Buckminster Fullerenes）），那么检索范围将包括早期的 Buckyballs 专利以及所有非球形 C-60专利。检索式（C-60 or（Buckyballs or Buckminster Fullerenes）） and ball）的效果更好，但仍然会遗漏重要的专利文献。比如，倘若专利撰写者使用的是"spherical（球形的、球状的）"怎么办？此外，并非所有的 Buckyballs 都是 C-60，有些是 C-120 或 C-180。这些是否相关则取决于客户的需求。

基本上大部分的需求都集中于自由使用检索或专利全景检索。对上述案例而言，这意味着如果对 C-60 Buckyball 进行自由使用分析，那么就无需考虑 C-120 或 C-180。但是，为了避免遗漏任何 C-60 的相关文献，不要使检索范围过窄。

如果是专利全景分析，那么获取大部分的 C－60 Buckyball 专利就足以满足客户的需求了。但是也不要遗漏任何可以为客户提供更好解决方案的 C－120 或 C－180 文献。基本的原则就是广撒网，并花时间从劣质数据中区分出优质数据。

结果的处理和加工

专利分析报告由正文、图表、图形和表格等组成。所有这些要素都需要具有目的性，必须支撑客户的目标。专利分析成败的第三个关键在于分析人员如何处理数据，即使他已经拥有了优质数据。

专利分析报告中最常见的弊病是包括不恰当的专利计数。一家公司拥有的专利数量多于其他公司并不说明它领先于其他公司。这些发明的创新点是什么？它们的质量如何？专利维持的情况怎样？这些发明是否仍在该领域发挥影响？发明人是否还在为该公司工作？简而言之，可以有数量，但必须对结果进行处理和加工。

通常，首先要将结果分类，所有定量指标应当是苹果与苹果之间的对比，而不能是苹果与橘子。进一步的分类可以使结果更为清晰，比如红色苹果之间或绿色苹果之间的对比。

其次是结果的个性化。公司是不会创新的，只有公司的发明人才会创新。发明人一般会有研究的路径和方向。如果在专利分析中发现了有趣的内容，应当了解是谁发明了专利文献中的相关技术，并分析发明人的其他研究成果。一篇专利就像书中的一个章节，而发明人的全部"作品"会讲述一个更为完整的故事。

研究表明，发明人研发成果的核心内容往往非常关键，通常可以用来判断发明人的研发方向。比如，倘若发明人的一件重要催化剂专利关注于如何廉价地生产合成产品，那么这就是这篇专利的核心。如果发明人的所有专利都关注于如何廉价地生产合成产品，那么就可以推测他现在或将来的研发方向并采取相应的措施。如果发明人其他所有专利的核心内容是用来合成更好的催化剂产品，而非廉价产品，应该如何应对？这是否会影响其所在公司对侵权或许可请求做出的反应？

结果的呈现

有许多书籍讲解如何制作漂亮的图表、图形和表格。其中，Edward Tufte 的《量化信息的可视化展示》（The Visual Display of Quantitative Information）（Graphics Press，1986）是非常有价值的资料。在任何情况下，分析结果的展示都应当遵循传统。命名所有图表和坐标轴；确保所有的数据点都清晰可见；明确标明坐标轴和数据点的数值；为数据点添加标签。如果数据点不够清晰，就重新设计图表或重新划分数据。另外，如果客户要打印或复印报告，就不要使用颜色作为区分标志。世上的黑白打印机和复印机比彩色的多。（使用黑白打印机时，可以用微软 Excel 自动选择图表颜色。）

制作报告时，功能性的图表和图形是展现客户目标的杀手锏。首先让图表、图形和表格发挥作用，然后考虑如何使它们更美观。效果好的图表、图形和表格通常比效果差的更好看。形式服从功能，只要你以功能为本。

同时，图表、图形和表格应贯彻四项最基本的方针：时间、空间、素材和风险。"时间"使客户知晓调查的时间范围；"空间"让客户明了调查数据的国别和类型；"素材"使客户理解调查的实质内容；"风险"让客户知道调查使用的数据库，以评估数据中遗漏重要信息的可能性。

（如果在互相竞争的数据库中运行相同的检索式，通常会得到不同的结果。因此，专家级的分析人员进行专利分析时不会只使用一个数据库。）

专利分析报告示例

下面通过一个简单的例子应用上述的部分原则。以下是有关高尔夫球杆杆头的非常基本的专利全景研究。该技术比较便于表达和理解。下面示例中仿宋字体部分为如何汇报分析检索结果提供了指导。

示例：高尔夫球杆杆头技术专利全景研究

报告以分析的目的开始，应当包括客户或检索委托人的目标。将目的置于报告的开篇，可以让读者明确了解分析的用途。

本文的目的

本文是一份专利全景研究的示例，供未来的决策者参考。本文只是点到为止，旨在为读者介绍专利全景研究可能涉及的相关内容，以及大多数专业人员熟知的常用分析方法。

接下来的部分一般是摘要，让读者了解报告的大致内容。一般用一页篇幅介绍要点即可。

2001～2005 年高尔夫球杆杆头技术专利全景研究摘要

所有从事高尔夫球杆杆头技术研究的公司都参与了一场所谓的"军备竞赛"，目的是在符合 PGA❶ 规则的前提下，尽可能为球手提供一切有利条件，提高比赛成绩。该领域技术的核心在于，无论菜鸟还是骨灰级球手在击球时都可以获得更精确稳定的方向性和更长的飞行距离。根据对高尔夫球杆杆头技术相关专利的研究，以下为该领域技术的主要研发方向：

- 将振动、球杆或球的不恰当变形等原因导致的能量损失减至最小，使击球能量从球杆杆头高效传递至高尔夫球。
- 优化配置球杆杆头的重量分布，在不影响球杆耐用性的基础上，使球杆的重心位置更理想、更低深。

报告的主体内容包括详细的介绍，通常有图表、图形和说明等。可以采用图 4.1 所示的帕累托图（即 80/20 分析）作为开始，因为它可以非常

---

❶ 译者注：Professional Golfers Association，美国职业高尔夫球协会。

108

清晰地展示定量信息。一般以图表、图形和表格进行定量分析，并以相应的文字内容对相关数据进行定性分析。

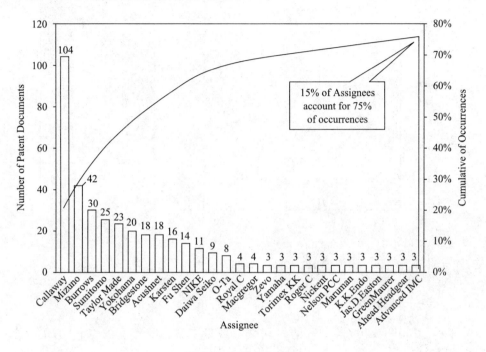

图 4.1　专利权人情况

分析和结果的讨论

很明显，Callaway Golf 在该领域的专利活动中处于领先位置，其后为几家美国和日本公司。19% 的专利权人掌握了该领域 75% 的专利；该结果符合帕雷托法则：在任何特定群体中，80% 的成果往往由 20% 的成员占有。

尽管 Callaway Golf 的专利数量是其最接近竞争对手的两倍多，但如图 4.1 所示的权利人与专利数量的分布呈现以下特点……

下面的专利发展趋势部分是对时间和趋势的看法或展望。也就是说，基于对过去和目前状况的研究，可以更好地预测未来的情况（参见图 4.2）。

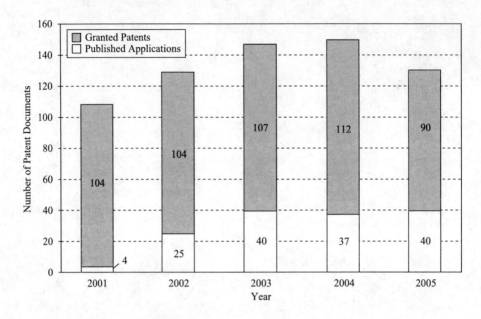

图 4.2 2001～2005 年的专利文献量

专利发展趋势

从 2001～2005 年公开的专利文献数量来看，各年度的专利活动呈缓慢增长趋势。这也许与该技术的发展有关；但值得注意的是，由于未审查专利申请的大量积压，美国专利商标局在过去几年的授权专利数量比较少。也就是说，可能有更多的专利活动（更多的待审专利申请）并未在此图中体现出来。根据对非专利文献的分析，由于各家公司都在绞尽脑汁设法提供一切有利条件，高尔夫球杆杆头设计的增长趋势将有望持续……

下面应分析专利分布的国家或地区，让客户了解专利活动的主要区域（参见图 4.3）。

专利活动的国家或地区分布

由图 4.3 可见，美国在高尔夫球杆杆头技术的专利数量占据优势地位。进一步研究显示，大部分美国权利人拥有的专利数量在 3 件以下……

如果很熟悉某项技术主题，并且了解或发现了值得关注的内容，应当

.

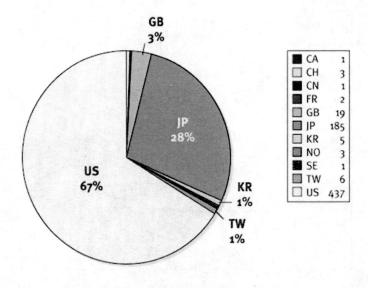

图 4.3　专利分布情况

在报告中体现出来。通过对武士刀和日本所做的研究，可以体会此建议的合理性。

日本，拥有包括航空技术在内的先进运输技术，同样具备精密金属提炼的历史和传统。（事实上，这种传统可以追溯至数百年前精良制作的武士刀。）

就遥远的历史对当今市场产生的影响而言，这并非唯一的例证。比如德国和瑞士化工和制药行业的发展可以追溯至中世纪英国骑士对颜色鲜亮的织物的需求，而当地的英国纺织品制造商不愿意进行开发。

在大多数情况下，可以用专利引证分析证实你应当已经了解的内容。这种表述不适用于文献引用，因为文献引用的信息量远超过专利引证（参见图 4.4）。

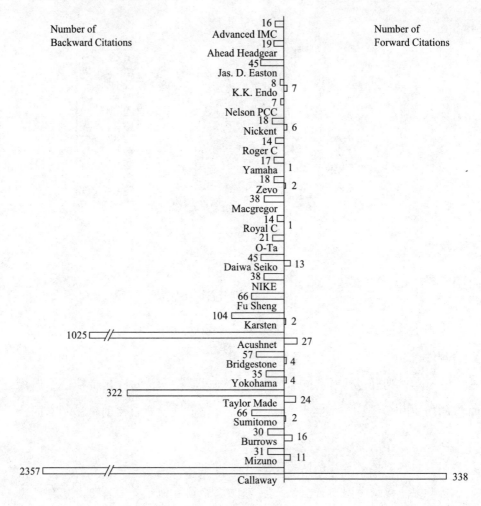

图 4.4 专利引证情况

专利引证

图 4.4 所示的专利引证图与竞争领域的情况一致，即大部分发明都是对在先发明的不断改进……

公司为发明人的研发工作提供资源，并通过各种方法和措施让他们的专业知识满足市场需求。专利分析通常会对专利及其所属组织或公司进行研究。

专利数量前三位公司的基本情况

Callaway Golf 公司是世界上最大的高尔夫球杆制造商。公司的目标是为用户提供即使是初学者也可以轻松打球的高尔夫球杆。通过对钛金属的使用，Callaway Golf 公司的"大块头"Big Bertha 球杆系列成为市场上的佼佼者。该公司专利文献的内容包括：

- 对使用者的失误具备高容错性的高尔夫球杆。
- 可提供更好重量特性的方法。

  重要的专利文献：US6475102B2，US6244976B1，US6238302B1

  最新的专利文献：US6932716B2，US6893358B2，WO2005023374A2

人类创造发明。除非没有要求，否则任何缺少关键发明人信息的专利分析——即使列出了姓名，都是不完整的。应当对发明的关键发明人进行调查。

关键发明人团队

Callaway Golf 公司：

- Evans，Clayton
- Jacobson，Daniel R.
- Cackett，Matthew T.
- Rollinson，Augustin W.
- Reyes，Herbert
- Murphy，James M.
- Helmstetter，Richard C.
- Galloway，Andrew
- Hockneil，Alan

Taylor Made Golf 公司：

- Wahl，Bret
- Anderson，David
- Vincent，Benoit
- ……

你可以通过发明人的研发成果分析其主要研发方向。

关键发明人的基本情况

Callaway Golf 公司的 Evans、Jacobson、Cackett、Rollinson、Reyes、Murphy、Helmstetter、Galloway 和 Hockneil 主要从事研发具有变化厚度的钛或钢制击球板，以及复合材料或金属制尾体的高尔夫球杆杆头。其他研究包括位于球杆带状部的金属条，可以在不影响结构耐久性和高尔夫球杆杆头平衡性的情况下提供更好的重量特性……

结论

强调前文中的要点，并增加一些内容。至少有一部分内容是直接讨论委托人的目标或需求的。基于业务或技术分析，委托人是否应当采取相应的措施及其原因。

高尔夫球杆杆头技术研发的主要目的是为了提高并增加球手的比赛成绩和经验。在遵守 PGA 公平竞赛规则的前提下，高尔夫球杆杆头的设计者竭尽所能为球手提供一切可能的有利条件。该领域发明的核心在于，无论初学者还是专业球手在击球时都可以获得更精确稳定的方向性和更长的飞行距离。基于对高尔夫球杆专利的研究，以下为该领域发明的主要研发方向……

最终报告应当包括一个资料集，读者至少可以从中查找在报告文字或其他部分引用的专利文献。参见图4.5。

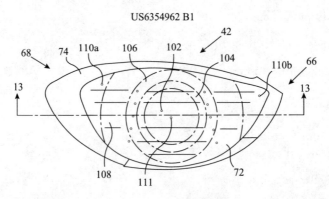

图 4.5　专利 US6454962 B1

第四章 专利分析

与本研究相关的专利摘要

US6354962 B1

表面由锻造材料构成的高尔夫球杆头

Callaway Golf 公司

摘要

本发明公开了一种有一球杆头的高尔夫球杆，该球杆头有一厚度为 0.010～0.250 英寸的击球板。该球杆头可由一表面、一顶板和一底板三个构件构成。球杆头的击球板的纵横比可小于 1.7。击球板还可有各同心厚度区，其中心为厚部。该球杆头可用钛材料制成，其体积为 175～400 立方厘米，重量为 165～300 克，击球板的表面积为 4.00～7.50 平方英寸。在类似于 1998～1999 年高尔夫球规则附录 Ⅱ 中规则 4－1e 规定的 USGA 测试条件下，所述高尔夫球杆头的回弹系数大于 0.8。

发明人

- GALLOWAY J ANDREW；

- HELMSTETTER RICHARD C；

- HOCKNELL ALAN；

- BOYCE RONALD C；

- AGUINALDO HOMER E；

- WOOLLEY CURTIS S.

申请号：US19990431982

申请日：1999 年 11 月 1 日

授权日：2002 年 3 月 12 日

U.S. Class：473342；473345；473349

IPC：A63B53/04；A63B53/06；A63B53/08

第五章 检索结果的报告方法

本章将探讨以全面翔实并且不影响案件法律地位的方式传达检索结果的重要性。与其他内容相比,检索结果的报告方式和方法更需要根据检索委托人的要求进行定制。不过,本章介绍的方法是被普遍认同的。

专利检索的重要目的之一是为与检索主题相关的法律意见的形成提供必要的、对现有技术的技术性解释。实施检索并获得最终结果后,检索人员通常需要将检索结果传达给专业的法律人员(除非检索人员身兼两职)。清晰翔实的报告对检索的质量,以及随后律师方便地从法律层面解释发明主题、专利或被调查产品都非常关键。

本章第一部分将以法律受众的需求为核心,介绍一系列设计检索报告的选择和工具。每份检索报告都应当根据检索的背景和用户的具体要求进行定制。最后,需要根据检索委托人的目标决定报告的内容。

检索报告的目的

专利检索报告有两个主要目的:提出并阐述相关结果,记录完整、准确的检索历史;为委托人进行的检索应当以清晰易懂的方式呈现结果。

下面介绍的方法为众多公司和律师事务所的专利从业人员所认同。读

116

者可以根据自己的情况决定是否采用以及如何采用。

提出并阐述结果的首要目的通常由报告的摘要和参考文献分析部分处理。这些内容通常在检索报告的开始部分。因为要用易于理解的方式表达信息，这部分内容对辅助形成法律意见的现有技术必须进行简洁地阐述和分析，使现有技术的相关内容一目了然。

检索报告的第二部分是完整的检索历史，包括详尽的检索方法信息和资料。检索报告必须清晰地界定检索主题，使读者了解检索范围。详细程度应当以能够让使用者可以精确地重现检索为标准。而且，检索历史还可以作为现有技术检索的"尽职调查"。

专利检索结果将对法律意见的形成提供支持。但是，有经验的专利律师在起草法律意见时会考虑许多因素，包括意见书的用途、客户、对判例法的解释、对专利检索历史的审查以及对现有技术检索的结果。因此，除非本人就是负责该案的专利律师，否则检索人员应当避免提供任何与文献关联性有关的法律建议。

判断参考文献的关联性时，检索人员很自然地会依靠自己对检索客体技术特征和文献内容的理解。但是，对所选择结果的讨论，应当仅限于该文献内容的客观事实，并由引用文献支持。根据参考文献内容评判关联性向来是由法律专家完成的。根据对技术领域的了解，检索人员应当将报告限制在描绘出检索主题与参考文献之间的相似点即可。

检索报告的结构

检索结果报告的形式并没有严格的规则和套路。以下内容仅作为报告格式和内容的基本模板，无须拘泥于本章示例的形式和细节。比如，本部分探讨的检索结果以表格形式出现，检索主题和权利要求的特征对比则在页面的右侧栏中，以便查阅。为有效、实用起见，可以以段落格式概括参考文献，以表格形式呈现对比技术特征，甚至可以根据技术特征组织、编排参考文献。最关键的是，在设计和定制报告时，务必要以最终用户的需求和期望为出发点。

尽管形式有所不同，但是为了有效、清晰地表明检索的方法和结果，大多数检索报告都会包括四个基本要素：（1）摘要；（2）检索主题；（3）参考文献分析；（4）检索历史。

撰写摘要

摘要通常用来说明检索目的并强调要点，目的是为检索报告的读者提供背景资料，而非检索策略的详细说明。实用的摘要会简要介绍检索的基本情况，如检索主题和检索的现有技术类别，并在适用情况下说明限定检索范围（如有效性检索）的关键日期。重申检索范围的第二个原因是，虽然这些问题也许已经获得委托人的认可，但是检索报告的用户很可能另有其人。通过这些详细的说明，经年累月之后，其他人仍然可以通过摘要了解检索的目的和界限。

介绍基本内容之后，摘要会对检索结果进行描述，以指出相关的参考文献，说明现有技术的技术特征，并确定缺少的主题技术特征。另外，对检索结果进行描述性叙述通常会很有用。比如，检索人员可以说"发现了三篇披露两个主题技术特征的参考文献"以及"发现了一篇披露所用三个主题技术特征的文献"。这种高度概况将得到参考文献详尽分析的支撑，并使读者深入了解检索人员的研究结果。为读者介绍中肯、客观的检索信息，可以使检索结果一目了然。比如，摘要可以包括下列内容：

本检索主题涉及一种安装在自行车后轮上的钛制自行车座，由与后轮轴连接的部件支撑，因此可以允许第二个人作为乘客。本检索采用 USPTO EAST 数据库检索美国专利和公开申请，采用 Micropatent PatentWeb 数据库检索 EP、PCT、GB 和 DE 的专利和公开申请以及 JP 的公开申请。通过互联网、Dialog 和 IP. com 检索非专利文献。

总体来说，分析人员发现了一些披露第二个自行车座的参考文献，但是其中大多数披露的车座安装在使用者和车把之间，或安装在车把上。WO9799999 披露了一种在后轮上装载杂货或其他物品的车筐，所述车筐安装在从后轮轴延伸出的部件上。U.S.4,444,444 披露了一种安装在使用者身后的座位，所述第二个座位与主座位安装在相同的固定杠上，没有与后轮轴连接部件的支撑。

U.S. 4,333,444 是由委托人确认的已知技术，因此从检索结果中排除。但是，该专利文献的前向和后向引证已经过研究。

描述检索主题

检索报告应包括检索主题的技术特征清单，或者对检索主题进行同样详细的描述。摘要与检索主题精确表述之间的区别对掌握检索范围非常关键。假设在报告中以概括的方式描述检索主题：

本检索的主题是一种水下房间，由 2 英尺厚树脂玻璃制成，并由均匀分布的经凯夫拉尔纤维强化的 4 英尺厚树脂玻璃支柱加固，以确保树脂玻璃板连接处的强度。所述水下房间可作为游乐园的一部分用来观赏热带鱼类，所述游乐园的地上部分用于潮池海洋生物展览。

这种描述方式也许全面，但却没有说明检索的范围。比如，是否只需检索"水下房间"？是否需要将"加固的树脂玻璃板"扩大到"玻璃底的船"？检索策略是否包括与水族馆或游乐园相关的文献，或者仅需关注经过加固的树脂玻璃板？

为了消除歧义，在描述检索主题技术特征时，应当尽可能减小产生误解的可能性。可以采用以下方式：

1. 一种封闭的水下空间，至少部分由半透明材料制成；

2. 一种水下观察空间，其中所述空间是一间或多间水下房间，至少部分由半透明材料制成，所述房间可从水面上部进入；

3. 一种水下观察空间或窗口，至少部分由半透明材料制成，其中所述材料是树脂玻璃；

4. 一种水下观察空间，其中所述空间是游乐园的组成部分，或者用于海洋生物的休闲观赏；

5. 任何由树脂玻璃制成的封闭空间或窗口，其中相邻的树脂玻璃板由塑造在所述板邻接面上的垂直或水平支柱加固，所述支柱由任意适合的聚合材料制成。

上述技术特征的描述形式使检索范围显而易见。检索人员不仅会检索所有与支柱加固的树脂玻璃结构有关的文献，还会检索披露了游乐园使用的水下观察空间的文献。无论最后是否使用，检索委托人都会对此表示欣赏。这些技术特征并不意味着每一件具备最多特征的专利都会出现在报告中，但却说明检索人员使用了不同的检索标准在广泛和相关的技术领域中选择任何可能关联的参考文献，而不是只将检索结果局限在与使用树脂玻璃房间的水上游乐园有关的文献中。

在呈现检索主题的技术特征时，采用数字或字母号的方式往往别具优势：创建一个对每项技术特征单独编号的核查列表，使用复选标记、X 标记或脱字符等可视化标志，读者可以在核查列表中迅速确定相关参考文献公开的技术特征。比如：

文献信息	分析	技术特征
U. S. 7,036,449 B2	娱乐中心，同时具有地上和水下区域。水下观察和居住区域由防弹玻璃制成	1▲ 2▲ 3▲ 4▲ 5
人造岛屿度假中心，具备水上和水下的娱乐、教学和住宿设施	【引用全部文献。具体参见图 10 的说明和权利要求 7】	
发明人：Sutter Kimberly Michelle		
授权日：2006 年 5 月 2 日		

正如下文所述，行之有效的参考文献分析必须能够证明参考文献确实公开了特定的技术特征，指出参考文献中相应技术特征的位置，并说明检索人员对技术特征的解释口径。

分析参考文献

为了有效展示检索结果，检索人员应当知道结果的用途。因此，大致了解律师对检索结果的使用方式对有效的报告和检索会很有帮助。收到参考文献及其分析之后，律师会怎样处理呢？为了迅速形成考虑周详的法律意见，专利律师会通过如下所示的汇总表组织信息：

著录信息	参考文献中的证据	技术特征	分析
U.S. 5,555,555 捕鼠器 Smith 1993 年 8 月 8 日	权利要求 1：一种捕鼠器，其中触发平台经过改装用来夹住引诱物，所述引诱物诱使老鼠触发弹簧机构	客户发明的技术特征是一种老鼠信息素，专用于引诱老鼠进入陷阱，并可以防止蟑螂或其他昆虫触发陷阱	所述信息素的具体应用没有被权利要求 15 中的"引诱物"公开；该权利要求限定触发平台必须经过改装用来夹住引诱物，说明其保护对象是一种肉眼可见的有形物体，而非化学物质

为了构建上述汇总表，检索人员通常需要解释文献公开的发明或产品的技术特征，并证明这些技术特征与检索主题技术特征的关联性。也就是说，针对使用化学物质引诱老鼠的捕鼠器发明，检索人员需要实施一次虚拟的侵权检索。其参考文献分析如下：

文献信息	分析
U.S. 5,555,555 A 捕鼠机 Smith Jane 1993 年 8 月 8 日公开	参考文献披露了一种捕鼠器，所述捕鼠器设有弹簧激活的触发平台，所述平台经过改装用来夹住"引诱物"（权利要求 1）。实施例中的引诱物为奶酪和种子。该参考文献不涉及适用于捕鼠器的化学物质或信息素。图 3，15－16 段，权利要求 1

所有捕鼠器的基本技术特征是必须能够引诱老鼠进入陷阱。因此，检

索人员应当调查主张保护老鼠信息素用途的捕鼠器专利。如果关于老鼠引诱方法的专利的保护范围覆盖了信息素用途，那么检索人员应当意识到存在侵权风险的可能性。在报告检索结果时，检索人员应当明确表明，选择该参考文献的原因是其权利要求 1 的保护范围足以覆盖用于引诱老鼠的"引诱物"。检索人员必须证明这些文字可能与检索主题的技术特征有关，即使该参考文献没有直接公开老鼠信息素为引诱物。

对现有技术进行法律论证时，专利律师必须证明被调查产品或发明的技术特征与现有技术中的技术特征是如何具备关联性的。检索人员需要以检索主题为依据，通过技术分析发现潜在关联的参考文献，同时避免提供法律意见。该目标应当通过在检索报告中对有关证据进行客观、真实地介绍、分析和讨论来实现。

撰 写 分 析

对参考文献的分析是检索的重要组成部分，必须认真撰写以实现委托方的最大利益。专利文献分析的最佳形式应当言简意赅、简明扼要、客观真实，并指出文献公开的技术特征。分析内容必须向读者证明参考文献确实公开了检索主题的技术特征，让读者了解检索人员对技术特征的解释口径，并使读者知道参考文献中相关技术特征的确切位置。检索人员在提供基本信息时可以参考下列原则：

• 简洁而完整。除非绝对必要，避免对文献的冗长引用。相反，尽量使用自己的语言（通过引用支持），以直白的方式表明相关的技术特征。分析内容应当只涉及相关的信息，并明确指出哪些技术特征没有被参考文献公开。

• 客观。分析部分与摘要一样是自由撰写的。分析部分的内容在基调上应当以完全客观的方式阐述事实，不带有任何修饰或法律方面的建议。

• 结合技术特征进行分析。分析部分的主要目的之一是说明参考文献的技术特征是如何与检索主题的技术特征相关联的。比如，参考文献公开的技术特征可能是检索主题技术特征的对等词。检索人员可以通过在分析部分引用参考文献中的文字并与检索主题的相应技术特征进行对比，说明参考文献关联性的评价方法。

● 提供证据。参考文献分析部分应当包括文献相关段落和图表的完整清单。因为最终用户可能会在案件中引用这些证据。确定并解释这些段落是对客户的基本服务内容。

应用实例：仓鼠健康训练设施

主题技术特征：

1. 一种小动物运动轮，装有一个以电子方式记录行进距离的旋转记录仪。

2. 如 1 所述的运动轮，其中所述旋转使用一种采用激光束的系统记录。

3. 如 1 所述的运动轮，其中所述激光束投射到所述运动轮后被中断，没有到达安装在笼子对面的传感器，计为一次旋转。

4. 如 1 所述的运动轮，其中在设定时间段内没有完整的旋转时，将触发一个电动机为仓鼠训练目的提高旋转速度。

5. 如 1 所述的运动轮，其中旋转与每日食物和水的消耗量均记录在数据库中，并且可以通过图表方式显示。

文献信息	分析	检索主题技术特征
U. S. 0, 000, 000 A 用于仓鼠运动轮的旋转指示器 J. P. Morgan 1999 年 11 月 2 日授权	参考文献公开了一种用于仓鼠运动轮的旋转记录仪。一个采用激光检测系统的检测器记录运动轮的旋转；一个安装在运动轮轮辋上的镜子将激光束反射到安装在笼子上的光学传感器中。旋转不会触发任何电动的运动轮旋转以促进仓鼠的速度或耐力训练 参见摘要，图 3、5、和 6，第 3～4 列，以及权利要求 1～10	1▲ 2▲ 3 4 5

上述分析通过列明公开和未公开的检索主题技术特征，对参考文献进

行了说明。它简洁地描述了仓鼠运动轮与现有技术的关键区别技术特征；为支持其主张并方便查阅，提供了多项引用作为证据；并在右侧核查栏中列出了当前检索主题的技术特征。这些要素的目的在于，让检索委托人可以轻松快速地分析参考文献的关联性，并以检索主题的技术特征为依据区分检索结果。

指明权利要求

在检索报告中呈现证据的方式应当因检索类型而异。因为请求保护的内容对侵权或有效性检索具有特殊的意义，所以此类检索中的分析应当包括权利要求信息。

确权/侵权/有权使用/自由使用：分析此类检索的结果时，发现的参考文献的权利要求书应当包括与任意检索主题技术特征有关的内容。专利文献的权利要求书意味着该发明的法律保护边界。因此，在报告确权或侵权检索的结果时，应当认真列出每件重要参考文献的关联权利要求。

文献信息	分析	检索主题技术特征	关联权利要求
U. S. 0,000,000 专利检索报告的撰写方法 Mary Smith 2003 年 5 月 5 日	举例 参见第 3 列，第 15 段；权利要求 5，17，24 和 32	1 ▲ 2 3 ▲ 4	5，17，24 32

有效性：有效性检索的参考文献分析部分应当着重强调主题专利的权利要求。通常情况下，会将主题专利的权利要求书列为检索主题的技术特征。当权利要求书的保护范围很宽，并且其中的技术特征很多时，应当适当地将技术特征进行合并；分析部分应当具体说明所有可能与参考文献有关的主题专利的权利要求。此时，用来列举权利要求的栏的名称可以变为"与主题权利要求关联的权利要求"。

文献信息	分析	检索主题技术特征	与主题权利要求关联的权利要求
U. S. 0,000,000 专利检索报告的撰写方法 Mary Smith 2000 年 1 月 1 日申请 2003 年 5 月 5 日公布	参考文献公开了一种撰写检索报告的方法，以摘要开头，以完整的检索历史为结尾。所述公开的检索报告包括与参考文献有关的所有关联信息，以及对每篇参考文献的简要分析 参见摘要，图 3，第 4—6 列	1▲ 2 3 4▲	1~10，12 15 （该专利的权利要求书可能无效，需要仔细审查）

另外，在报告有效性研究的检索结果时，应当注意优先权日的重要性。假设，在进入报告阶段之前，检索的时间范围已经被限制在检索人员和检索委托人共同认可的"截止日期"内——通常是一件专利申请最早的优先权日。一般都会要求检索的文献范围涵盖所有在关键日期之前提交的美国专利，以及所有在关键日期之前公开的外国专利或者非专利文献（NPL）。因此，报告检索结果时需要同时列出专利和专利申请的申请日和公布日。

参考文献处理顺序

编排报告的格式，提供最相关的信息。这是在检索过程中对文献进行评估的合理延伸。本书第三章介绍了一种评价方法，认为公开多项对检索主题至关重要的独特技术特征的参考文献具有最高的优先级别。这种按优先顺序排列参考文献的方法是以每件参考文献公开的主题技术特征数量和重要性为依据的。

核心参考文献

检索结果的核心参考文献通常与被检索内容最为接近。一般来说，应当首先列出公开了全部检索主题技术特征的参考文献，其余的应当按照公开技术特征的数量降序排列。但是，根据检索主题采用的不同检索类型，参考文献的展示顺序可能会出现很大的变化。

根据不同的法律目的，相同检索结果的优先顺序会大相径庭。比如，某检索主题的技术特征为 A、B 和 C。在专利性（新颖性）检索中，分析人员会向检索委托人提供：（1）同时公开技术特征 A、B 和 C 的参考文献；或（2）分别或以其他组合方式公开技术特征 A、B 和 C 的单独的参考文献。目的是为最终用户提供相关材料，预测其发明是否会遭到（1）新颖性驳回，或（2）非显而易见性驳回。只公开技术特征 A 的参考文献尽管具有一定参考价值，但由于无法单独实现上述目的，所以此类参考文献的优先顺序低于公开全部技术特征 A，B 和 C 的参考文献。但是，对具有技术特征 A、B 和 C 的产品实施确权检索时：与单独公开技术特征 A 的参考文献相比，公开了具有技术特征 A、B、D、E 和 F，用于安装 G 的装置的参考文献的优先顺序就相对较低。如果一件有效授权专利的保护范围覆盖技术特征 A，那么在被调查产品进入市场之前，无疑需要获得该专利权利人的许可（发明人也可以选择进行回避设计）。可见，专利性与产品确权（侵权）概念之间的差异，导致适用于相应法律情形的最有力检索结果的类别也有所区别。这种区别对制定检索策略和报告方式至关重要。上述内容在确定检索主题的技术特征时应当牢记。完善制定的检索策略也可以使检索报告更加清晰、易懂。

次要参考文献

采用第三章所述的评估方法，能够检索到一部分公开一项或多项检索主题技术特征的参考文献；但也会遇到一些看似与检索主题有关却没有实际公开任何技术特征的参考文献，或者由于数量过多以至于无法在报告中详细分析。这些可以作为次要参考文献包括在检索报告中。其原因是为了避免关联信息的意外遗漏：即使检索委托人已经认可了检索策略，在解释检索主题技术特征时，分析人员仍有可能排除某些次要参考文献。因此，为了使报告读者能够进行独立的审查和评估，应当注明这些参考文献。

对次要参考文献的引用或许还有助于发现其他的实施例，这种方法在美国判例法体系下尤其适用。根据目前的联邦巡回法院判例，由于缺少说明书的充分支持，只公开单一实施例的专利通常会导致权利要求书的保护范围被缩小解释，甚至被判决无效。

例如，在 *Inpro II Licensing v. T - Mobile USA*，450 F. 3d 1350，2006 WL 1277815（Fed. Cir. 2006）案中，原告权利要求书中，PDA❶ 的"主机接口（host interface）"被限定为"直接并联的总线接口（a direct parallel bus interface）"，导致法院判定使用串联总线接口的黑莓 PDA 没有侵权。为什么？因为，"说明书中唯一提及的主机接口是直接并联的总线接口"。

在 *LizardTech v. Earth Resource Mapping*，424 F. 3d 1336（Fed. Cir. 2005）案中，法院认为权利要求书宽泛地描述了一种利用离散小波转换技术（discrete wavelet transform，简称 DWT）进行无缝压缩、存储并复原被分为数块的大型数码图像的方法，但是说明书中并没有描述生成无缝图像的具体步骤，因此不符合美国专利法第 112 条第 1 款要求的"书面说明支持"而被宣判无效。为什么？因为法院认为，"说明书只公开了的一种实施无缝 DWT 技术的方式"。

尽管大多数专业人士已经认识到，有效的专利检索在决定是否提交专利申请以及如何撰写权利要求书和说明书方面发挥着重要的作用，但是，它的另一个作用——检索现有技术为发明的替代实施例提供思路和参考——往往会被忽视。更好的做法是，专利检索不仅应当涵盖最接近现有技术，还应当包括相关的专利和出版物，帮助发明人思考原发明技术方案之外的其他实施例。

---

❶ 译者注：Personal Digital Assistant，个人数码助理。

核心和次要参考文献

　　将检索结果区分为核心和次要参考文献可能会在选择过程中自然而然地发生。在很多情况下，两者之间的差别很明显。大多数时候，所有至少公开了一项技术特征的参考文献会归为核心文献，而所有相近或因其他原因被选择的参考文献可能会归为次要文献。不过，有时可能甚至连披露一项技术特征的参考文献都无法发现，或者连篇累牍的参考文献中只披露了一项技术特征。这时，应当与检索委托人商议确定最佳的解决方案。

　　有时，专利分析人员在确定核心和次要参考文献时需要依靠自己的判断。为了防止分析人员投入过多时间逐篇分析参考文献，或避免检索委托人收到过多需要考虑的核心参考文献，一些分析人员在面对大量披露一个相同技术特征的参考文献时，会将它们归为次要文献，放入单独的部分或表格并在报告摘要中指出。这种做法是很有帮助的。

　　当选择需要在报告中重点强调并分析的参考文献时，有一个重要的原则：将参考文献划分为次要文献之前，应当考虑其公开的技术特征的稀有程度。比如，对具有 4 项技术特征的技术主题进行检索后，发现 12 篇披露特征 1、2 和 3 的参考文献，以及数十篇只披露特征 1 的参考文献，但是只有 2 篇参考文献单独披露了特征 4，那么比较恰当的做法是将只披露技术特征 1 的参考文献划分为次要结果。显然，特征 1 过于普通，这些参考文献甚至有可能被排除在检索结果之外。而包含特征 4 的 2 篇参考文献，虽然只披露了一项特征，但仍然比其他检索结果更有价值。其中之一也许是关键的遗漏文献，可以为检索委托人提供证据。

　　另一个类似前文探讨过的情况可能会出现，即在对技术特征 A，B 和 C 进行检索时发现了很多参考文献，但所有这些文献只披露了特征 A。当大多数或所有参考文献看起来都具有相似的关联性时，比较可取的做法是选择并分析其中的一些参考文献作为示范，让读者对检索中发现的最佳资料有一个总体的认识。然后只列出全部检索结果的著录信息即可。但是，如果披露特征 A 的参考文献与被调查发明或产品具有相似的特定用途，或处于相似的特定环境，那么对这些文献的选择需要格外谨慎。

检索历史

报告的最后一部分应当包括检索历史（检索方法或途径的记录）。为确保检索及其结果的使用价值，检索历史必须提供完整的检索记录，让读者可以确定检索范围、数据来源和方法等信息。

有的人试图将检索历史作为报告的第一部分，为其后的检索结果提供依据和理由。但是，这样做会影响报告的可读性。更有效的策略是通过简洁的摘要向读者指出重要的发现，列出检索主题，将此作为背景，然后分析重要的参考文献，而非开篇立刻阅读详细的检索历史。了解内容和结论之后，读者可以参考报告最后部分的检索历史（如附录）确保检索完全按照预期进行，增强自己对检索结论的信心。

为了能够在将来重现检索，检索历史应当自始至终、完整地记录检索人员的方法体系。其详细程度应当能够让读者在相同的数据库中，以相同的检索式，实施相同的检索。每个完整的检索历史都具备一些共同的要素。

分类领域

如第三章所述，分类检索对专利检索的质量至为关键。为了使读者确信所有相关领域均已检索，检索历史应当包括大类和小类定义的完整列表。小类定义还应当包括其所属各主级小类的定义。比如，假设检索人员在大类 114 中的小类 316 和 318 下进行检索：

Class 114 SHIPS（船）

312 SUBMERSIBLE DEVICE（可潜水装置）

313 With disparate vehicle feature（具有不同的交通工具特征）

314 Underwater habitat（水下栖息）

315 Diver assistance device（潜水辅助装置）

316 With weapon or weapon system（配备武器或武器系统）

317 Having ballast compensating means（配备压舱补偿工具）

318 Power assisted deployment（电力辅助调度）

319 Pneumatic or hydraulic dispatch（快速气压或液压）

小类 316 缩排在小类 312 "submersible devices（潜水装置）"下，小类 318 又缩排在小类 316 "submersible devices with weapon or weapons system（配备武器或武器系统的可潜水装置）"下。为了报告的清晰和完整性，小类定义应当包括所有相应的上位小类：

大　类	小　类	定　义
114		SHIPS（船）
	316	Submersible device；With a weapon or weapons system（可潜水装置；配备武器或武器系统）
	318	Submersible device；With a weapon or weapons system；Power assisted deployment（可潜水装置；配备武器或武器系统；电力辅助调度）

使用的数据库

不同数据库的数据各有特色，而且覆盖的日期范围也有所差异（参见第六章）。有的检索主题也许非常前沿或日新月异，为了展示技术领域的真实情况，检索必须涵盖最新的文献。这时，如果数据库的更新时间滞后于最新文献数周甚至数月，就会对检索造成非常不利的影响。

此外，检索主题也可能是简单的机械方面的构思。由于构思简单，很可能在久远的专利公报中早已存在。这时，比较恰当的选择是包含 1971 年以前美国专利文献光学字符识别（Optical Character Recognition）文本的数据库。由于使用的专利数据库会影响检索的范围和质量，必须公开数据库的相关信息以确保检索记录的完整。

对文本检索或其他检索而言，检索历史应当包括在数据库中使用的检索式及其他限定参数，如美国或国际专利分类号（IPC）或时间范围，以及命中数量和在数据库中选择的单独数据集。

检索人员应当将检索式粘贴在检索报告中，使检索记录尽可能的精确。比如，如果读者对检索策略中是否包含某个同义词或对单词的拼写存疑，就可以查阅报告中的检索式。

联系的审查员

如第三章所述，检索人员可以联系美国专利商标局的审查员，咨询关于美国专利分类以及如何选择恰当的小类等问题。应当让读者了解专利审查员提供的所有建议。

总　结

本章介绍的报告形式和方法旨在解决检索报告的基本目标：报告重要的检索结果并完整地记录检索历史。其理念在于通过不同的工具和选择，以通俗易懂的方式呈现相关信息，让检索报告的使用者可以根据重要内容的概述对检索结果进行有效的调查和研究。上乘的检索报告可以提升读者对检索的信任和信心，使检索被真正地理解并可以在必要时重现。无论采用何种形式，报告的书写者都应当切实了解读者的需求和期望。

第六章　检索工具

　　本章介绍了衡量检索引擎的技巧，探讨了专利和非专利文献（NPL）的数据来源，提供了为特定检索选择最恰当来源的准则，并详细介绍了一些数据来源。然而，不无遗憾的是，由于商业数据提供商不断更新他们的产品信息，所以本书无法对专利数据范围、价格、可得性和特点进行全面比较。即使包括这些内容，也会因本书出版时间的滞后而成为明日黄花。

专利信息的可得性

　　专利信息可以通过免费和收费来源获取。大多数的免费来源由政府专利主管部门主办，比如美国专利商标局（USPTO，www. uspto. gov）和欧洲专利局（EPO，www. espacenet. com）。用户可以通过这些网站检索并获取该国——通常还有其他国家——的专利。通过官方网站检索该国的在审和已公布专利，通常可以得到最为完整和详细的结果。不幸的是，多数政府网站不太适合进行高级检索。此时，收费服务对专业检索人员来说就必不可少了。最好的数据来源采用订购模式并涵盖广泛的国际专利文献。在各种专利数据库中，以下所列更为常见：

- IFI Patent Intelligence

- Jouve PatAnalyst

- Micropatent Patent Web

- Minesoft Pat Base

- Patent Café ICO Suite（Intellectual Capital Office）

- Questel – Orbit QPAT and QWEB

- Thomson Delphion

- Thomson Derwent World Patent Index（DWPI）

- Thomson Dialog

- Lexis Nexis

- Univentio

Stephen Adams 的作品《专利信息资源》（Information Source in Patents）（第二版，K. G. Saur，2005）介绍了专利检索引擎及其功能，可以作为很好的参考资料。

Juan Carlos Vergara，Allessandro Comai 和 Joaquin Tena Millan 共同完成的全面调查——《技术专利情报软件》（Software for Technological Patent Intelligence）（EMECOM，2006），评价了各种用于深度专利分析的软件系统和工具，可以帮助了解专利领域使用的一些先进分析工具。

选择检索工具的标准

将术语输入检索式之前，必须解决一些问题以确保检索的适当性。首先，没有任何一种检索引擎是无与伦比的。根据需求，适用于一种检索类型的数据库不一定能够妥善处理其他类型的检索。

选择正确的专利检索工具时，我们建议将可用的数据来源与检索目标进行比较。检索目标根据语言、技术专长、检索技能、预算以及具体项目类型（比如，现有技术检索 VS 专利全景研究）会有所不同。尽管如此，我们仍然提供以下准则和标准，来对比不同竞争供应商的专利数据库和检索引擎，读者可以根据自己的检索目标进行参考和借鉴。

专利数据范围

专利数据范围即数据库涵盖的以及可检索的专利文献数量（专利和已公开的专利申请）。供应商应当列出数据库收录的国家或地区、专利文献类型（A1、B1、C 等）、确切的日期范围以及数据中存在的任何差异，这是非常有必要的。因为所有的专利数据供应商都会展现其产品之"长"，但除非被问及，否则几乎没有人会坦白其产品所"短"。例如，数据供应商也许会介绍其系统涵盖了"1988 年至今"的韩国专利。但是进一步询问之后，会发现实际的日期范围始于 1988 年 3 月 30 日，终于 2 个月前的某日。也就是说，1988 年的专利并非全部，近期公布的专利也尚未上传到系统中。此外，数据库还缺失了从 1989 年 9 月 1 日到 1989 年 10 月 31 日的专利。如果一篇无效专利公布于 1989 年 9 月下旬但又无法被检索到，就可能成为一个麻烦。

例如，Micropatent Patent Web 是一个具备多项功能的优秀产品。但是，Micropatent 只有 1980 年以来的欧洲授权专利，而且其欧洲公开申请存在间断。公司在其网站上声明"全文数据库遗漏了大约 13300 件在 1978～1988 年公开的欧洲申请记录"。

文献传送

文献传送是查看、下载、打印以及保存专利文献（包括图像和文本）的方法和格式。大部分数据供应商允许用户以常用的文件格式（如 Adobe PDF）获取文献。另外，处理大量数据时需要具有可一次下载多篇专利文献的功能。因此，供应商应当提供简易快速的批量下载服务，最好无需额外付费。为了通过互联网快速传输，该服务通常会将专利文献压缩。

导入和导出功能

有些供应商允许用户将专利文本导出至数据表中并在其他软件程序中

使用。数据表是专利文献的电子数据表或数据库。在分析大型数据、将数据导入可视化工具（如 Vantage Point），或为特定项目创建相关专利数据库时，这种功能会大有用武之地。

专利数据的"导出"功能是选择专利数据库供应商时的重要参考标准。用户必须要求所选系统应当具备以常用格式（如 .xls，.csv，.mdb）将专利数据导出的功能。"导入"是数据可视化工具必不可少的功能，比如 Derwent Analytics，Micropatent's Aureka 或 Vantage Point。因为在进行深度分析或竞争情报分析之前，大多数专利分析人员至少已经知道一些相关的专利；他们也许已经拥有本公司专利的数据库或电子数据表，无需使用检索系统；也许甚至已经从可视化软件供应商以外的其他专利检索系统得到了数据。所以，任何高品质的专利可视化工具都会允许外部数据的导入。否则，应当向供应商施压提供该项功能。

最后，大部分专利可视化工具都可以导入由相同开发者提供的检索系统中的专利数据。如果用户恰好打算购买该公司的专利检索系统和专利数据库，那么当然不会有什么问题。但是，供应商必须允许导入其他来源的数据。否则，他们的系统将不足以满足用户的需求，并且，事实上会强迫用户使用其并不想使用的专利检索引擎。

价格

近年来，专利数据供应商主要通过免去复制专利文献的额外费用以及为大客户提供比较便宜的站点许可（Site License）来调整价格。在价格谈判时可参考以下一些原则。

应当向数据供应商询问多用户使用系统时的费用，以及订购期限结束后的续订费用。这是非常有必要的。因为供应商会在最初提供比较低的报价，但不谈及续订费用、额外用户的折扣或站点许可（Site License）的费用。比较好的数据供应商会在一定期限内提供免费的培训和客户支持服务。

专利数据供应商之间的竞争日趋激烈，因此很有可能通过谈判降低使用成本。不过，为了达成该目标，应当了解专利数据库的主要竞争对手及各自系统的性能。

可用性

可用性用来评估学习和使用检索系统的难易程度。罕有例外，简单易用的检索系统可以提高效率。数据供应商会采取各种措施或方法影响系统的可用性，比如置入菜单项、图标和按钮；简化执行指令所需的步骤数量；设置可显示或可同时显示的专利组成部分（比如，同时查看摘要、主附图和独立权利要求的功能）；用户可按需求随时查看专利各组成部分的控制功能；经验丰富的检索人员可绕过菜单项用命令行检索的选项；存储和修改检索式、提醒以及在检索期间或无限期的监控功能；通过电子邮件分享检索结果的功能，凡此种种。但在我们看来，竞争日趋激烈的专利检索系统市场已经商品化，只有真正在华而不实的功能之外解决可用性的数据供应商才最有希望获得成功。不管怎样，时间宝贵，用户需要易学易用的系统。

公司实力

在购买专利或非专利文献检索系统之前，应当考虑供应商的管理和市场实力。这个准则并不意味着需要对公司进行商业或财务分析，但确实意味着应当查看公司网站，找到讨论组，征询关于数据供应商的客观反馈，判断供应商的客户支持服务的水准，并研究数据来源公开可用性的延续时间。该准则可以用一个例子很好地阐释。最近，我们在欧洲的一次会议中对四家公司的专利检索系统进行了对比。其中，一家依托于一家大型上市公司的小公司的系统令人印象深刻。就在签署系统使用许可协议之前，我们发现这家公司在美国（我们的办公地）没有支持服务人员，工作时间不固定，而且没有产品改进的时间表。我们还查明这个系统由三家公司合作完成，但是似乎没有公司对它目前或将来的发展完全负责。这个系统的技术功能非常出色，但除此以外一无是处。

何时选择检索工具

专利检索人员应当根据具体情况有的放矢地选择检索工具。比如，对机械等比较成熟、发展比较缓慢的技术领域，相对于生物技术等非常活跃的领域而言，未公开的专利申请通常比较少。在技术出版物之前先检索专利信息会更富有成效，因为"古老"的技术具有多年可检索的专利活动，所以，在检索非专利文献（NPL）之前，应当先通过专利数据库进行机械领域的检索。

与此相反，生物技术是高度创新的领域。专利申请频繁，在相应的专利申请公开之前，许多期刊文章就已经出版并向公众公开了。因此，生物技术领域的专利检索人员应当以专利和非专利文献并重。

专利检索工具在数据范围、价格和效果等方面会有所不同。有些系统使用图形用户界面（Graphical User Interfaces，GUIs），有些则使用命令行提示系统。大部分都会优先处理用户输入，以及为用户输出命中结果、适用的专利或非专利文献等功能。

引擎的核心用途是通过计算用户输入的检索条件对大量文献进行系统化地语法分析。因此，检索引擎必须全方位地涵盖检索主题的广度和深度。这意味着需要大跨度的时间范围、地理多样性并利用这些特点迅速发现相关的参考文献。

数据范围的广度和深度

专利检索引擎的两个重要特征是：（1）数据范围的广度；（2）为用户显示完全匹配检索条件的参考文献的功能。数据范围的广度之所以重要，是因为在检索中遗漏一篇关键专利文献对检索委托人而言可能意味着法律和财务上的灾难。根据精确检索条件显示参考文献的功能也非常关键，因为专利检索人员往往没有足够的时间阅读和分析数千篇专利文献。

有一些方法可以限定检索的范围。专利分析人员可以通过日期分隔符、排除某些国家或地区、发明人资格、仅检索专利文献的某些组成部分等方法限定范围。下面的例子显示了如何根据需求的性质和穷尽性来限定检索范围，在此仅作说明之用：

样本参数	举例
专利申请日	1999 ~ 2001
专利所在国家或地区	U. S. ，EPO，JP
检索条件的位置	"Digital" within three words of "print ＊"
发明人	Jones not Harold

除了具备多种文献语法分析途径之外，检索工具还应当能够包容各种技术主题。比如，对"clothespins"进行机械领域专利性检索时使用的参数，不会顺畅地转化应用于另一个对"nanotubes"的生物技术领域的检索中。无论何种检索，检索工具都应当能够适应特定检索主题的广度，因为检索在不同技术领域的延伸范围并不相同。

化学领域检索的数据来源

科学界的通货是在科学期刊上发表的文章。因此，全面的化学领域检索应同时包括专利和非专利文献。事实上，一个很常见的现象是，科学家提交专利申请之后，很快就可以在技术出版物上发现最关联的技术。

STN 是包括 Biosis，CAPlus 和 Medline 在内的众多专业数据库的检索管道，通过 STN 可以访问此类数据库中的大量非专利文献。

Biosis 收录了来自全球 5500 个来源的摘要和索引信息，主题涉及植物学到基因工程。CAPlus 由美国化学文摘（CAS）创建，据称收录了 2400 万篇专利和期刊文章，涉及有机化学、生物化学等学科领域。Medline 由美国国家医学图书馆（U. S. National Library of Medicine）创立，包含了来自美国和其他国家的 4600 种生物医药期刊中的 1200 万个引用。

STN 是进行化学结构、核酸和蛋白质序列检索的可靠资源，尤其是 STN Registry File 中的所有物质记录均包括一个特定的 CAS 登记号。物质记录还包括 CA 索引名称、同义词、分子式、合金成分表、聚合物类别、蛋白质与核酸序列、环分析数据和结构图——所有这些均可检索并显示。用户可以输入结构、核酸序列或蛋白质序列，在数据库中检索包含查询物质的所有已知记录。还可以将命中结果导入 CAPlus 中检索相关的期刊文章。

专业的专利检索人员通常使用 CAPlus 检索化学结构，但在检索核甘酸序列和氨基酸序列时会参考其他资源。

国家生物技术信息中心（The National Center for Biotechnology Information，NCBI）足以胜任对序列的粗略检索。作为分子生物学信息的资源 NCBI 成立于 1988 年，它建立了公共数据库，并致力于计算生物学方面的研究，研发用于基因组数据分析的软件以及生物医学信息的传播。此外，还可以通过其网站上的工具——"BLAST"——检索核酸或氨基酸序列。不过，由于缺少国际性内容并且无法构建高级检索算法，该检索工具会遗漏很多记录。但是，该资源是免费的，并能够根据需求充分覆盖非专利文献。

美国专利商标局审查员使用的自动化生物技术序列检索系统（Automated Biotechnology Sequence Search System，ABSS）是一款更为强大的工具，数据涵盖了 Genbank/EMBL、Geneseq、PIR 和 UniProt 等商业数据库。该系统可进行常规和特定的序列检索，包括排比、长度受限、低聚物以及得分/长度。

Biocceleration Inc.（www. Biocceleration. com）为商业机构提供该资源，软件需要向 Geneseq（带有序列平面文件的 DWPI 序列仓库）订购。使用 ABSS 系统之前，所有公开可用的序列数据都要求为 GCG 格式。与 BLAST 相比，ABSS 的功能非常强大。除了其采用的 Smith-Waterman 序列对准算法的高敏感度外，BLAST 可支持的参数设置也非常受限。比如，如果试图调整参数进行片段检索——"oligo"检索，NCBI 将不会接受，并显示不支持那些参数。

除 ABSS 外，由 SequenceBase 公司与 FIZ Karlsruhe 合作推出的"US-GENE"数据库也可以提供 STN 数据。虽然不包括国际数据，但仍不失为一个相对廉价的选择。该数据库收录了 1982 年至今美国专利商标局公开申请和授权专利中的所有肽与核酸序列。尽管在本书出版之前未能测试此产品，但是公司的新闻高调公开了许多有价值的功能：

USGENE 是新兴的无与伦比的资源，可用于自由使用、现有技术、有效性和侵权专利序列检索；对拥有生物序列专利的机构进行竞争分析；并提供最新 USPTO 序列数据的通报服务（SDIs）。USGENE 数据库提供三种高级序列检索方法：NCBI BLAST，基于 FastA 的 GETSIM 以及用于片段序列或基序检索的 GETSEQ。数据库还提供完全可检索的生物名称、序列长度、公开序列识别码（SEQ ID NO）和功能更新表等。USGENE 数据库包括大量著录信息和文本检索选项，如公开名称、摘要、专利的权利要求书、授权时的专利权人、发明人全名以及公开的完整版本、申请和母案申请的 WIPO/PCT 号和日期。"单击全文"功能可以让 STN Express with Discover! 和 STN 的所有线上检索用户通过 USGENE 的序列记录链接至美国专利商标局的原始文献。

根据用户的预算和需求，对专业的检索人员而言，仍有许多数据供应商和隶属出版商的检索引擎可供选择。

高级化学发展有限公司（Advanced Chemical Development Labs，ACD/LABs）（www. acdlabs. com）开发的 ChemSketch 软件可以绘制化学结构并以 3D 效果显示。如果只有结构图像而没有名称，该软件还可以为这些化学结构提供命名，帮助用户快速简单地获取信息。ChemSketch 可免费使用，虽然其免费版本并不包括所有功能，但仍可为生物化学和医药研究人员带来很大的便利。

机械领域检索的数据资源

与化学领域检索需同时考虑专利和非专利文献不同，机械领域检索更侧重于专利文献。不同于新兴技术，美国专利局自成立之初的 1790 年就开始审查机械技术。因此，实用的机械领域检索工具应涵盖古老的专利文献。

各种检索工具的数据范围也有所不同。比如，提供付费服务的 Micropatent Patent – Web，收录了自 1836 年（首件数字编号美国专利的颁发时间）以来的全部文本信息。Delphion 则涵盖了自 1974 年以来美国专利商标局所有授权专利的全文和图像，以及 1971 年以来的著录信息和部分图像。Delphion 的美国授权专利数据库还包括 1790～1971 年过档专利文献（backfile patents）的图像。

在华盛顿特区可以使用美国专利商标局的 EAST 检索系统，具体位置在弗吉尼亚州亚历山大的麦迪逊大厦。在专利商标局位于加利福尼亚州森尼维耳市、德克萨斯州大学城和密歇根州底特律的三个储备图书馆中，该检索系统以 WEST 为名向公众开放。此外，通过专利商标局的网站www. uspto. gov 也可以进行检索。USPTO 的所有工具都是免费的，并可以查看最早至 1790 年的美国专利文献。由于 1836 年美国专利局的大火，有部分专利文献缺失。但是，缺失的文献全文也许可以在 www. uspto. gov/patft/help/contents. htm 找到。

美国专利商标局的网站可以对专利的各部分实施词条检索，并为专利检索人员提供指导。专利文献全文的收录范围是 1976 年至今。由于没有1976 年之前的专利全文，因此只能通过专利号、公布日或目前的美国分类号检索原始扫描件。为了在美国专利商标局网站查看专利图形文件，浏览器应预先安装标签图像文件格式（Tagged Image File Formats, TIFFs）。可从www. alternatiff. com 下载软件驱动程序。

美国专利商标局的网站仅包括美国专利和公开申请，但通过 EAST 可以检索欧洲专利局、日本特许厅的专利文献以及 Derwent 数据。

机械领域检索的另一个必要条件是专利数据库中图形的可用性。使用 EAST 等检索系统，通过仅显示专利文献中图形的图像浏览器，机械领域的检索人员就可以查看专利，而免去阅读说明书和权利要求书之苦。尽管发明由权利要求书限定，但图形通常可以传达发明构思，因此便于对照其他图形更高效地判断新颖性。

以下途径可用来检索机械领域的非专利文献。Compendex 是一款付费服务，数据来自 "5000 种学术期刊、专业杂志和会议论文，收录文献超过 800 万条"，按周更新，每年新增记录达 50 万条，涉及化学、机械、电学、土木工程、材料科学和能源等学科领域。

国家技术信息服务（The National Technical Information Service，NTIS）数据库以提供有影响的美国和国际政府机构的非机密报告而闻名。据称，该数据库收录了来自美国各政府部门以及国家航空航天局（The National Aeronautics and Space Administration，NASA）、美国能源部（The United States Department of Energy，DoE）、德联邦研究与科技部（The German Federal Ministry of Research and Technology）、美国国防部（The U. S. Department of Defense，DoD）和日本通产省（The Japan Ministry of International Trade and Industry，MITI）的 200 万条文摘数据条目。

机械领域检索使用的任何系统都应当涵盖早期公布的专利并收录全文数据和图形。与其他技术领域的检索相比，机械领域检索更需要分析专利的所有组成部分。

电学/计算机领域检索的数据来源

电学和计算机领域检索的专利数据来源

对外行来说，机械领域和电学领域检索之间的差异并非泾渭分明。以前，无线电设备和计算装置被认为是电学技术主题，而现在则成了机械发明，就像灯泡、留声机和老式电话机一样。实际上，电子和电气工程（EE）的高速发展，促使专业检索人员更要时刻关注技术的发展以及如何进行检索。

随着亚洲经济的崛起，专业检索人员经常需要检索日本、韩国、中国大陆和中国台湾地区的专利文献。这对电子、电气工程和计算机硬件检索是不可或缺的。

日本特许厅的网站（www. jpo. gov. jp）是免费资源，其独特之处在于可以机器翻译日本专利文献的全文，为许多说英语的电学领域检索人员所使用。另外，日本的付费检索系统——Patolis（www. patolis. co. jp）的日文和英文版本也非常出色。

来自欧洲的 PatAnalyst（www. patanalyst. com）收录了大量亚洲国家的专利摘要和著录信息，包括 1928 年以来的日本文献，1978 年以来的韩国文献，1983 年以来的中国台湾地区文献和 1985 年以来的中国大陆文献，此外还包括 1836 年以来的美国专利全文。但是 PatAnalyst 的日本文献中只有摘要经过翻译，而日本特许厅网站可以提供全文的机器翻译。

电学领域检索的非专利文献来源

同生物技术一样，电子和电气工程的快速发展创造了对非专利文献检索的需求。Compendex 和 NTIS 等收费数据库都是实用的检索工具。英国工程与技术学会（British Institution of Engineering and Technology，IET）创立的 INSPEC 数据库是电气工程领域的重要资源。据供应商表示，"INSPEC 是世界著名的文摘数据库，全面涵盖了全球范围内的物理、电气工程、电子和计算机科学等领域的科学和技术文献"。此外，由电气与电子工程师协会（Institute of Electrical and Electronic Engineers，IEEE）和工程与技术学会（Institution of Engineering and Technology，IET）共同开发的 IEEE/IET 电子图书馆（IET Electronic Library）据说"提供了当今全世界近三分之一的电气工程和计算机科学文献"。

商业方法领域检索的数据来源

1998 年 7 月，联邦法院维持了一种共同基金净资产价值计算方法的专利权。此后，越来越多的美国专利被授予发明了新颖商业方法的公司。这些专利将软件与商业方法结合，通常被称为"商业方法专利（business method patents）"。

这些专利作为社会的特定利基日趋重要。因为它们可以保护权利人的商业方法专利在 20 年内不被其他公司使用，并允许权利人以盈利为目的向其他公司销售该技术。

一个被频繁举例的商业方法专利就是 Amazon. com 的"一键下单（one-click ordering process）"。只要在数据库中创建了客户信息，Amazon 研发的单击系统即可允许用户绕过填写信息的繁琐步骤。Amazon 的这件商业方法专利在 1999 年 9 月获得了授权（U. S. 5，960，411）。

由于大量新技术不断涌现并且尚未申请专利，商业方法领域的检索是比较困难的。Meta - Search 检索引擎可以访问许多数据库，是一个非常有效的商业方法检索工具。

尖端研究通常是由非专利文献传播的。专利的公开往往需要数月甚至数年，而各种报纸、期刊和网站每天都会披露许多新的软件、互联网和商业工具及流程，是在迅速发展的商业方法领域确定现有技术的最佳来源。

许多商业方法专利与金融和商业数据处理有关，在专利检索引擎中通常以图表或流程图的形式表现。缺少非专利文献和互联网信息的商业方法检索是不完整的，因为特定商业方法所适用的各种商业应用往往无法被简单分类。

美国专利商标局已经承认在检索中有效涵盖主要非专利文献的难度。2000 年，专利局发布了一项旨在帮助审查员和公众改善商业方法检索质量的行动计划，列举了针对审查员的强制检索要求，包括小类、关键词检索以及非专利文献检索。其中，对所有非专利文献的检索应与大类 705 有关，还应当包括"明确列出的 900 个数据库中的所有相关数据库（如 Software Patent Institute〔SPI〕，IEEE/IEE Electronic Library〔IEL Online〕等）"。

其他政府机构的公开文件也可作为现有技术。其中，美国证券交易委员会（U. S. Securities and Exchange Commission）的电子化数据收集、分析及检索系统（Electronic Data Gathering Analysis & Retrieval，EDGAR）便是存放商业方法相关文件的数据库，是进行商业方法检索的重要资源。该数据库可以通过美国政府网站（www. sec. gov/edgar）免费使用，也有一些商业数据供应商提供收费服务。其中之一是全球证券信息公司（Global Securities Information）的 LivEdgar（www. livedgar. com），临时用户的年使用费大约为数千美元。

另外，网页和软件产品也可作为现有技术，前提是在专利申请日一年之前已经"首次安装"或"发布"并为公众可得。由于"实时更新"的特点，以网页作为参考文献的固有困难在于如何发现技术主题首次在特定网址发布时的古老网页或者记录。

为了确认早期网页的日期，检索人员可以使用商业数据库或被称为"网站时光倒流机器（Wayback Machine）"的互联网档案馆。使用商业数据库的意义在于，对网址的定期引用可以揭示网址的寿命，或者至少可以使用相关资料的公开日期。不过，只有网址中资料的内容可以受益于该出版信息或日期。

www. archive. org/是发现网址最初版本（最早至 1996 年）的另一个途径。该互联网档案馆定期收录并永久保存全球网站先前发布的网页版本，可以免费使用。虽然访问的网页可能已被存档，但所存网页的链接可能会指向当前的信息。因此，查找特定网址的最早公开日期时请务必谨慎。

文献获取方法

基本上，可用于检索的免费网址的域名均以". org"或". gov"为后缀。www. pat2pfd. org 就是典型的免费". org"网站，收录了 1836 年至今的美国专利。虽然无法对专利信息进行任何类型的检索，但从该网站可以免费获取专利文献的复制件。

文本检索的句法

无论使用何种检索引擎，检索的质量都取决于操作者输入的参数。如果检索人员输入的检索词不恰当，那么即使最全面的数据库也无法产生好的结果；而在经验丰富的检索人员手中，即使最低配置的检索引擎也可以发现关联技术。虽然可以通过授权日、发明人、专利权人、大类/小类等字段限定检索主题并发现相应的参考文献，但策略性地安排检索词之间的位置已经证明是行之有效的方法。专利和非专利文献资源允许检索人员要求两个单词相隔一定距离或出现在同一段落中。比如，使用 EAST 系统，通过指令"microfluidic same nucleic"得到的专利文献中，"microfluidic"和"nucleic"必然出现在同一段落。同样，在 STN 中，"microfluidic（5a）immobilize"要求两个术语之间相隔 5 个单词。检索工具应当能够提供多种方式，让检索人员可以根据自己的目的和意图排列组合检索词。

布尔逻辑运算符、截词符和位置运算符在各检索引擎中的执行方式也不尽相同。与 Google 检索相似，除非另有指示，有些引擎会在两个关键词之间默认设置某种布尔逻辑运算符。比如，美国专利商标局的 EAST 系统在两个关键词之间自动设置"OR"运算符。检索式"elliptical circular uniform oblong"会被解读为"elliptical OR circular OR uniform OR oblong"。EAST 系统也可以将默认的布尔运算符"or"转换为"and"、"near"、"andnot"、 "with" 和 "adj"。而一些不够先进的检索引擎只能使用常规的 "and"、"andnot" 和 "or" 布尔运算符，比如美国专利商标局网站和 Dialog 的简易版本——DialogPro。

后截词是基本功能。使用前例，"microfluidic（5a）immobil?" 不仅要求两个术语间隔五个单词，而且还要检索根词 "immobil" 的任意结尾形式，比如 immobilization、immobilize、immobilised（英式拼写）等。前截词则考虑到了单词的多种排列形式。比如，在 STN 中，关键词 "? array" 可以命中 "microarray"、"DNA – array" 和 "gene – array"。

各种检索引擎在处理文本检索式时均有其独特的风格和命名规则，不过大都简单易学。比如，截词通配符 "★"（PatentWeb 使用）、" $ "（EAST 使用）和 "?"（STN 使用）用于查找单词的其他拼写形式。具备必要和足够语法能力的检索引擎可以组合大量的布尔逻辑运算符、可选字段（日期、发明人、权利要求）、截词符和位置运算符。基本上，所有检索引擎都在试图模仿发生在人类大脑中的比较过程。这些系统无法理解它们发现的专利和非专利文献的意义，但却可以迅速完成对关联技术的识别和鉴定。

特定检索工具

美国专利商标局检索室

美国专利商标局的检索设施可以为公众提供专利复制件。专利文献依据美国专利分类体系编排整理，分类体系资料可通过 www. uspto. gov 或资料室获得。与在美国专利商标局图书馆逐页翻阅纸质文献相比，在 EAST 系统中输入 ". ccls." 后，几乎无需按键即可通过分类号限定检索范围。

美国专利和商标储备图书馆

尽管无法满足专业的专利检索人员，但是美国有 80 个存储专利信息的专利商标储备图书馆（以下简称 PDTLs）。美国专利商标局委托 PDTLs 保存美国专利、美国商标和相关资料的纸件，并免费向公众开放。

除亚里桑那、康涅狄格和新罕布什尔以外，美国的每个州都有至少一个 PDTL。登录网址 www. uspto. gov/go/ptdl/ptdlib_ 1. html 可获得所有 80 个 PDTLs 网站的链接。大约一半的 PDTLs 在大学，其余则为公共图书馆。对常规专利检索和独立发明人而言，PTDLs 是非常实用的资源。

有 3 个 PTDLs 与美国专利商标局在亚历山大和弗吉尼亚的 EAST 系统拥有相同的资源，被称为 "合作图书馆（Partnership PTDLs）"，分别位于加利福尼亚州森尼维耳市、德克萨斯州大学城（休斯顿北部）和密歇根州的底特律。同美国专利审查员使用的 EAST 系统一样，它们可以提供常规的文本和图形检索。

Micropatent Patent Web

Micropatent Patent Web 是提供付费服务的在线专利检索引擎，简单易用，只需少量培训。如图 6.1 所示，Patent Web 允许用户检索专利的各组成部分、限定专利国别、限定时间范围，并排除无关或已知信息。Patent Web 收录了美国、欧洲专利局、PCT、德国、法国、日本和英国的授权专利和已公开专利申请的全文数据。该系统可以在检索结果的基础上编辑并重新运行检索，还允许用户保存检索并在以后重新使用。

下图显示了使用 Micropatent Patent Web 的检索过程，包括检索历史页面（图 6.1）、命中列表（图 6.2）以及真实的全文记录（图 6.3）。全文数据还可用 PDF 格式下载。

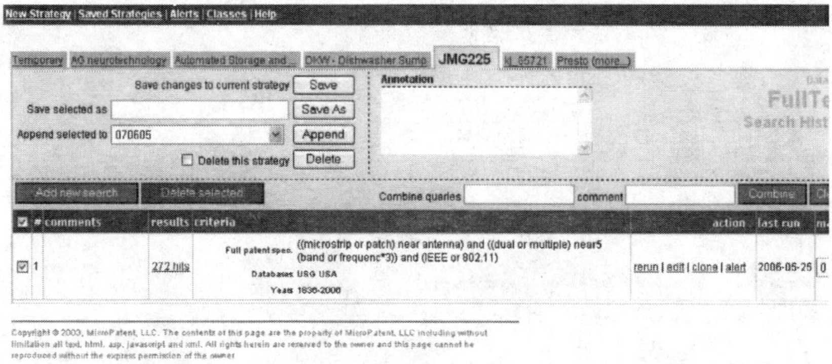

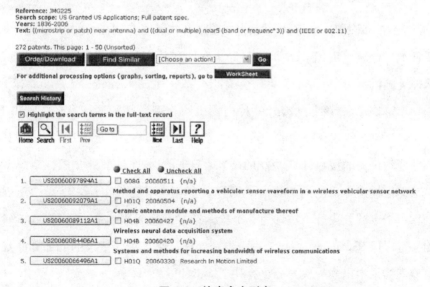

图 6.1 检索历史页面

如首图 6.1 所示,检索人员无法在 Patent Web 上同时检索专利文献的多个组成部分。也就是说,不能同时检索权利要求书中的"microfluidic"和说明书中的"nucleic"。虽然无法以单一步骤实现,但用户可以采取下述方法获得同样的结果:组合每次的检索结果,检索其交集部分。

图 6.2 检索命中列表

图 6.3 为带 . gif 格式附图的专利全文页面。虽然检索人员可以在该页面使用查找指令(Ctrl + F)定位文本中的特定关键词,但是在没有附图的情况下进行机械领域检索就会比较困难。另外,每篇专利全文的加载一般需

149

要数秒时间。专利文献数量较少时这可能微不足道，但如果有 100 篇专利需要查看，那么耗费的时间就不容小觑了。

MicroPatent® PatSearch Fulltext: Record 5 of 272

Reference: JMG225
Search scope: US Granted US Applications; Full patent spec.
Years: 1836-2006
Text: ((microstrip or patch) near antenna) and ((dual or multiple) near5 (band or frequenc*3)) and (IEEE or 802.11)

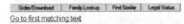

Go to first matching text

US20060066496 A1
Multiple-band(^) antenna with shared slot structure
Research In Motion Limited

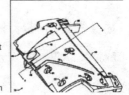

Abstract:
A **multiple-band(^)** antenna having first and second operating frequency bands is provided. The antenna includes a first patch structure associated primarily with the first operating frequency band, a second patch structure electrically coupled to the first patch structure and associated primarily with the second operating frequency band, a first slot structure disposed between a first portion of the first patch structure and the second patch structure and associated primarily with the first operating frequency band, and a second slot structure disposed between a second portion of the first patch

图 6.3　全文记录

Micropatent Patent Web 可以很方便地查找美国专利在其他国家（至少包括日本、德国、英国、欧洲专利局、PCT 和法国）的专利族成员。通常，一件美国机械专利的同族专利会遍布全球，比如 Kampichler et al. （U. S. 6,446,542 B1）。该专利涉及一种内燃机的新型活塞和连杆总成。利用 Patent Web 的专利族查询功能，可以发现其同族专利或相同专利已获得了其他四个专利机关的授权。该功能的缺点在于同族查询是额外步骤，系统不会自动提供检索结果的同族专利。同样，专利族不会只在检索结果中出现一次。每个专利族成员均被计为一个检索结果，从而影响命中数量的准确性。如果可以像 PatAnalyst 一样，每个专利族成员都是相同记录的一部分并且只在检索结果中出现一次，会更有利于检索的效果。

大部分检索引擎都具备的一项实用功能是检索被目标专利引用的专利（后向引证）和引用目标专利的其他专利（前向引证）。该功能可以确定相似专利，并发现尚未检索的相关大类和小类号。不同专利检索引擎实现引证检索的方式也有所不同。在 Micropatent Patent Web 中，用户点击专利全文窗口中引证链接的红色箭头后即可获得摘要和著录信息；只需点击引证专利页面顶端附近的"full – text"导航键，就可以查看被引用专利的全文。该系统可以提供前向引证链接，但是除非最初选定，否则不会在相关专利中突出显示检索词。

审查员辅助检索工具

审查员辅助检索工具（Examiner Assisted Search Tool，EAST）系统非常卓越。但遗憾的是，只能在弗吉尼亚州亚历山大的美国专利商标局办公区访问该系统。EAST 系统可以提供美国专利文献（公开和授权）、德温特世界专利索引（以下 DWPI）信息、日本特许厅数据、IBM 技术发明通报（IBM Technical Disclosure Bulletin，简称 IBM_ TDB）和欧洲专利局的专利文献。

EAST 可以使用位置运算符和布尔逻辑运算符检索。此外，与 Patent Web 不同，该系统允许用户同时检索多篇专利文献的特定组成部分。比如，在姓氏后输入". IN. "可以检索发明人；在检索词后面输入". TI. "可以检索专利名称中的特定单词。图 6.4 为 EAST 系统的可检索字段。

如图 6.5 所示，EAST 允许用户同时查看三个窗格的信息——专利图像、检索历史和检索结果列表。用户甚至可以在检索过程中查看专利的各组成部分（比如，只查看各篇专利的附图或图形而不查看专利文本）。利用该功能可迅速完成机械领域的检索。最后，EAST 系统可以为用户迅速加载专利的完整图像，所需时间与其他检索引擎相比大为减少。

EAST 包括 DWPI 数据，所以用户可以检索专利家族记录。EAST 还可以在结果中突出显示输入的检索词。比如，在图 6.5 的左上窗格内，选择"text"标签并包括突出显示的"arrays"，"Gingeras"和"Affymetrix"。该单词、发明人和权利人作为检索词输入，并会在随后的检索结果中突出显示。在审查大量专利并需要了解相关组成部分时，该功能非常实用。

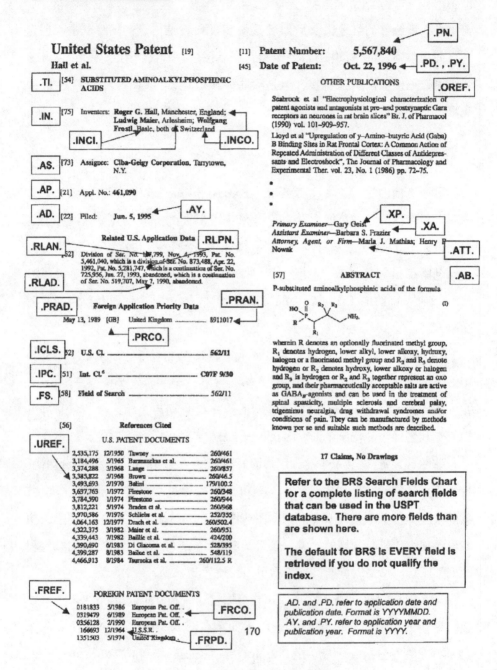

图 6.4　EAST 系统检索运算符

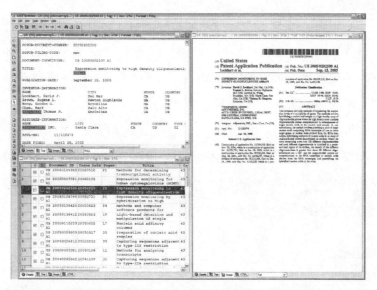

图 6.5　EAST 系统检索窗格

Thomson Delphion

Delphion 可以访问美国、欧洲和德国的授权专利和公开申请，以及 DW-PI、INPADOC、日本专利文摘、瑞士授权专利和 PCT 公开申请。Delphion 的与众不同之处还在于涵盖了部分非专利文献。

Delphion 还可创建专利地图、图表，并允许用户在线下保存文件、整理、注释并分享专有专利清单。检索系统支持专利的批量下载以及著录信息的快速导出。尽管受到部分专业检索人员的认同，但该系统的主要用户仍然是企业的工程师和独立发明人。

Questel – Orbit

Questel – Orbit 由多个数据库组成，可以订购或按需付费。由于其各国数据的收录范围不尽相同，因此需要像其他供应商那样查看数据库的涵盖范围。通过 www. questel. orbit. com/EN/Prsdsandservices/patents_ search. htm 可获得相关信息。

Questel – Orbit 包括 100 多个数据库，其中一些功能可满足特定用户的需求。比如，DWPI First View 可提供中国、日本、韩国、台湾地区和俄罗斯专利的英文文摘。Litigation Alert（LITA）收录了 1970 年至今向专利和商标委员会报告的专利和商标侵权诉讼案件。用户还可通过其他专利和非专利文献数据库检索法国专利局、EPO、WIPO 和 USPTO。

专利检索系统 QPAT 可按日、周、月以及年度订购，并可提供一个或所有前述国家或地区的数据以及 Questel – Orbit 的国际专利数据库 FamPat。FamPat 包括超过 75 个专利机关的专利族数据，可为用户提供同族专利的英文文摘以及原语种的全文数据和法律状态信息。

PatAnalyst

PatAnalyst 是为欧洲专利局的审查员团队创建的，数据范围与 EAST 相似，但相对昂贵而且有一些缺陷。比如，在 EAST 或 PatentWeb 中检索时，检索词会在所有检索结果的文本中突出显示。而 PatAnalyst 则并非如此，只能以图 6.6 所示的方式显示相关信息。实质上丧失了查看相邻的高亮检索词的功能（按照初始检索式中的顺序）。此外，该步骤需要在查看检索结果之前设置，延长了参考文献的查找时间。

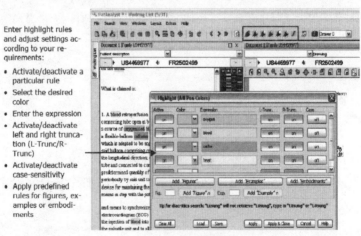

图 6.6　PatAnalyst

缺少前向和后向引证链接是该系统的另一个瑕疵。不同于 PatentWeb 等工具允许用户同时下载多篇 PDF 格式的专利文献，PatAnalyst 每次只能下载一篇。批量下载可以节省时间，并且无需分别输入每个专利号并等待下载。

PatAnalyst 的主要优势是可以查看专利的所有图像并自动显示专利族信息。如图 6.7 所示，检索人员可以查看完整的图像以及同族专利（此示例中只有一篇法国专利）。

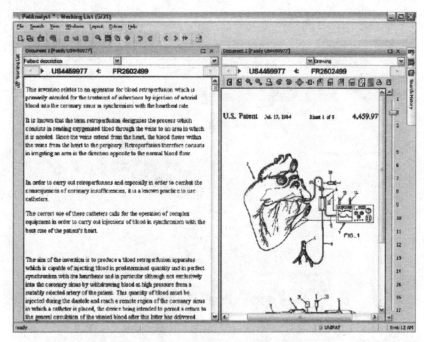

图 6.7　PatAnalyst 窗格

Minesoft PatBase

PatBase 是一款基于网络的应用程序，由检索人员研发以提供精简、可定制的检索程序，涵盖了 2800 万条专利族信息。与其他商业软件相同，PatBase 提供全文和分类检索、引证检索、统计分析工具和结果文档。

与竞争对手相比，PatBase 最突出的特点是其定制化服务。PatBase 的每项功能都可以根据偏好和检索类型定制以满足检索人员的需求。比如，检索人员在检索一种机械装置时需要查看专利附图，可以采用经典视图显示摘要，以及可链接到所有来自欧洲专利局网站的专利附图的图标。如果实施确权检索，则选择可显示专利权利要求书的视图来判断保护范围。

PatBase 的另一项关键功能是可以按专利族显示检索结果，将相关专利合并在单条记录中并提供各同族专利的链接（参见图 6.8）。该功能通过移除冗余结果并提供专利族中最早和最新的专利文献使检索更为高效。后者对涉及确切日期的检索可能非常重要。

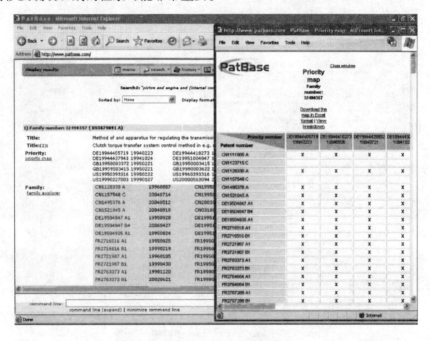

图 6.8　Minesoft PatBase

另外，PatBase 还可以在特定检索中对权利人和分类号进行统计分析。在图形"M"中，将检索式"piston and engine and（internal combustion）"输入命令行，生成的图形可显示 500 件按美国专利分类进行统计的最新专利。该功能在统计分析中非常实用。

精简的检索，同时浏览专利的所有图像，以及客户定制化使 PatBase 成为一款非常具有吸引力的专利数据库工具。

非专利文献

深入了解现有的发明可以为新发明的出现带来希望和灵感，为闻所未闻、见所未见的技术问题提供新的解决方法。作为申请人或发明人，检索多达 700 万件的美国专利已然任重道远，而本部分关注的非专利文献则使检索的难度雪上加霜。以下将介绍如何检索非专利文字资料（文章、技术出版物、广告、论文等）。

每个非专利文献供应商都收录了大量不同的信息，包括许多与特定主题相关的期刊、科学会议摘要、博士论文等。另外，IP. com 的现有技术数据库是许多财富 500 强企业进行大量技术公开的所在地。除了部分知名公司的匿名出版物外，IBM、摩托罗拉和西门子等创新公司还会发布具有完整作者信息的技术资料。IP. com 的现有技术数据库还是最新 IBM 技术发明通报（IBM Technical Disclosure Bulletin，IBM_ TDB）在线文档的独家发布场所。因此，检索 IP. com 对机械或电气工程领域的检索大有裨益。（参见图 6. 9）

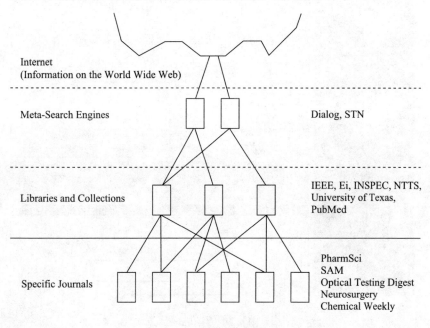

图 6.9　常用和特殊检索工具

检索技术出版物的困难之一在于相关资料并非总是公开可用的。如果需要调查大量全文资料，发行商的版权费有时会过于高昂。从长远来看，订阅 ProQuest、Reed Elsevier、EBSCO 等数据存储库，或者分别订阅相应的期刊具有较高的性价比。

Delphion 等检索引擎（参见图 6.10）同时涵盖了专利和非专利文献。但是，Delphion 的信息直接提取自其他来源，也就是 IP. com 和 IBM TDB。实施检索后，除非检索人员同时拥有 IP. com 的账号，否则只能获得 IP. com 提供的文摘。幸运的是，来自 IBM TDB 的非专利文献是全文可用的。不过据推测，Delphion 中的非专利文献主要涉及电子和计算机等高科技领域。

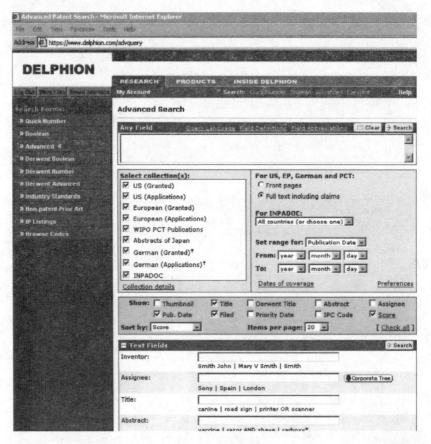

图 6.10　Delphion

互联网　互联网的定义数以百万计，规模更是千变万化。不过，简而言之，其数量将远远超出我们的想象。尽管没有人知道全球网络的确切规模，但事实上只要有耐心和知识就可以进行管理和检索。

如果它存在，那么在网络上的某个地方或许就有它的线索。互联网检索有利有弊。其优势包括查找信息的从容——无需离开豪华的真皮计算机座椅即可掌控世界于股掌；互联网一年 365 天，全天 24 小时开放——这意味着你可以在任何时间查找信息；它也不会限制可查找的数据量。其缺点在于，网络上的信息并非全部合法、真实。有些信息半真半假，有些则完全是假的。

日期难以确定。由于网页总是不断更新，一项创意也许已经存在数年，但只是因为缺少公开发布日期而无法成为现有技术。有信誉的来源也同样难求，而且据估计互联网上有 4000 万个网页。比如，全世界最著名的豆芽农场主的主页列出了抗虫豆芽品种以及通过实验杂交改良基因的方法。这些信息的确存在并向公众公开，但如果日期无法核实就会被忽略。虽然无法作为可靠的现有技术，但是它也许可以将我们引向有据可查的信息。事实上，一旦经过深入探究，不起眼的参考文献或许就是一颗宝石。

于是你连通互联网，并打算通过面前的大规模信息高速公路开始检索。从何处下手呢？在 Google（www. google. com）中输入关键词也许可以作为起点。

截至目前，Google 仍然是最流行的互联网搜索引擎，占据全球搜索引擎市场 50% 以上的份额。它虽然出色但并不完美。Google 运行于数千台计算机的分布式网络，可进行高速并行处理。简单地说，并行处理就是同时使用至少 2 个中央处理器（CPU）执行程序——一种可以显著提高数据处理速度的方法。

Google 有三个独特模块，包括"Googlebot"（一种搜索并提取网页的网络爬虫），"Indexer"（可提取每个网页上的单词并存储在数据库中）和"Query Processor"（将输入的搜索文本与数据库对比并表明关联性）。下面，

159

我们将详细介绍这些模块，并探讨它们与非专利文献之间的关系。

Googlebot 是一种抓取机器人，不断地查看并搜集网页编入 indexer。有些人将网络形容为一张由随机网址相互连接起来的巨大蜘蛛网，而 Googlebot 就是穿行于其中并收集信息的蜘蛛。但实际上，Googlebot 并不在网络间穿行，它只是向网页的服务器发送请求，然后下载全部页面并传递给 indexer。Googlebot 非常高效，尤其是对在一段时间内保持不变的信息。事实上，检索的内容都来自于过去，因此你或许会发现不复存在或已经过时的信息。另外，我们所说的蜘蛛也许爬得还不够远，尚未到达特定的网页，所以网页的索引日期也很关键。以上这些对检索的总体效率而言都至关重要，所以使用 Google 的检索人员还应当有其他来源。

Indexer 将来自 Googlebot 的网页存储在 Google 的索引数据库中。索引按照检索词的字母顺序排列，可以快速访问包含用户查询条件的文件。为了提高速度，被称为"停用词（stop word）"的常见单词不会被编入索引，比如 is、on、or、of、how 和 why 等。

如果没有 Query processor，Indexer 将百无一用。Query processor 可以评估输入的检索字符串并与相关文件匹配。本文不会探讨 Google 的优先级问题，但如果网页中的检索词与查询条件的顺序相同而且彼此接近，那么 Google 会为该网页分配更高的优先级。

除页面文本外，Google 还将超链接代码（HTML code）编入索引，所以用户能够基于检索词的位置限定检索（比如，在标题中、URL 中、正文中或页面链接中——由高级检索页面和搜索算子提供的选项）。

互联网需要专业检索人员 互联网的海量信息在慧眼识珠的人面前才有价值。它充满了没有条理和错误的信息，大部分难以分类和整理。

Google 是强大的工具。但是，检索引擎的优劣通常取决于使用者的能力。比如，缺少经验的检索人员在 Google 中直接输入"battery pack"后会得到 3900 万条结果，大部分集中于销售 battery pack 的店铺，并且数量过多而没有价值。熟练的检索人员则会提出一些关键问题使检索内容更为精练。

比如，"什么是 battery pack？由什么组成？是否可以细化为更小的部分？比如 portable power cell 或 auxiliary power source？"通过这种方式，他们会获得更好的、更易于管理的检索结果。

元搜索引擎（**Meta – Search Engine**） 元搜索引擎同时检索数个数据库和检索引擎并返回各自的结果。记录所有的网络几乎是不可能的，因此这里的理论是通过检索多个检索引擎，在较短时间内检索更多网页。

近年来，元搜索引擎逐渐普及。其优势在于简单易用，而且获得期望结果的成功率很高。此类引擎的缺点在于，任何给定的检索都会产生过多毫无关联的结果。但更重要的是，相对于返回结果屈指可数的检索而言，利用这种引擎，用户可以得到通过单个检索引擎无法发现的隐蔽信息和资料。网络中有很多可以使用的元搜索引擎，其返回的结果及数据来源各不相同。由于人们都希望在短时间内获得满意的结果，元搜索引擎也变得越来越流行了。

DialogWeb 专门的元搜索引擎在非专利文献检索中还可以发现利基，比如 DialogWeb（www. dialog. com）。DialogWeb 通过浏览器提供超过 600 个数据库的全文数据，以及经典 Dialog 系统的权威性和精确性，致力于满足知识产权业务和小型机构的需求。即使 Dialog 使用的大部分信息都是公开免费的，DialogWeb 仍然通过简单易用的网络应用程序，使用户无需逐一登录各个网站便可访问这些资源。

IP. com 通过强大的工具，IP. com（www. ip. com）在非专利现有技术检索领域中走得更远。这些工具需要收费，目前个人订购的价格为 300 美元/周。作为回报，用户可以访问不断变化的公司数据库。

IP. com 中用于技术披露文献公布的现有技术数据库非常独特，其唯一目的是创造并使用现有技术。IP. com 现有技术数据库包括 IP. com 独有的内容，是知识产权专家、研发人员、企业图书馆员工和个人发明人的重要非专利文献来源。

数据库本身涵盖了大量来自多家企业的技术披露资料。除了知名公司的匿名出版物外，还有 IBM、摩托罗拉、西门子等创新公司发布的具有完整作者信息的披露内容。

为了形成正式的现有技术，IP. com 现有技术数据库中的内容是有意和专门发布的，其中大部分不会在世界其他地方出现。为了确保相关内容和日期在公知领域的稳固确立，每次披露都对出版物进行了电子公证。部分企业将 IP. com 现有技术数据库作为其向公共领域公布创新成果的唯一渠道。

IEEE Xplore　IEEE Xplore（http：//ieeexplore. ieee. org）是在线传送系统，提供全世界电气工程、计算机科学和电子领域方面顶级技术文献的全文数据。IEEE Xplore 涵盖了来自 IEEE 期刊、会刊、杂志、信件、会议论文集、标准和 IEE（电气工程师协会）出版物的全文文献，目前收录的文献量超过 100 万篇。对工程领域的检索而言，订购该系统是物有所值的。IEEE Xplore 还提供免费功能，比如访问量前 100 位的文章清单——可以了解目前最新的研究方向。

通过元搜索引擎也可以便捷地使用各类技术期刊。很多大学拥有的图书馆元搜索引擎也是非常有价值的工具。有些人会选择使用 Science Direct（www. sciencedirect. com）之类的第三方系统，该系统据称是世界上最大的科学、技术、医学全文数据和著录信息电子数据库。它允许用户通过易于使用的界面对大量生物技术和医学期刊进行全文检索；还可以根据需求定制提醒服务，这样无需重新输入检索式就能够得到最新的刊物。虽然每种期刊通常可以按次付费使用，但检索每个期刊的网址会非常繁琐费时。

NCBI　作为分子生物学信息的国家级资源，美国国家生物技术信息中心（NCBI）成立于 1988 年。NCBI 创建公共数据库，开展计算生物学方面的研究，研发基因组数据分析软件并传播生物医药信息。

NCBI 数据库的优势是其高度组织化和全面的信息，可以使用 GenBank 检索基因序列数据库，还可以通过收录 1500 多万条引文信息的 PubMed 检索文献。其网站资源不胜枚举而且持续更新。所有进行生物技术和医药领域检索的人士都应当参考这个资源。

科学技术信息网/化学文摘社（STN/CAS）（www. cas. org）将科学家、工程师和所有需要科技信息的人与全球最完整和最权威的数据库连接起来。你可以找到所有技术领域发表的研究成果和专利文献，并通过名称、结构或 CAS 登记号检索化学物质信息。尽管费用高昂，但它提供了一个强大的工具，将多个资源结合在简单易用的在线服务之中。

期刊检索　发现技术出版物并非难事。但是，将信息分类整理并确定可靠和相关的信息却难免耗费时间，令人沮丧。如果你已经实施过专利检索，也许会注意到：许多专利引用了科技文献。

生物技术等新兴领域中的非专利文献通常多于专利文献。发表于 1996 年的一篇关于引文分析的研究表明，不到 150 种期刊涵盖了全部被引用文献的一半和已发表文章的四分之一；大约 2000 种期刊涵盖全部已发表文章的 85％ 以及被引用文章的 95％ 。

也就是说，如果关注经常被相似技术的专利引用的出版物，就可以在规定的检索完成时间之前发现可能与检索主题相关联的文章。

查看 1990 ~ 1999 年的 EPOQUE 数据之后，会发现美国专利商标局受理的每件专利申请平均会引用 3 篇非专利文献。

我们可以推测，相比于饮食器具之类的发明创造，生物技术等新兴领域会产生更多的非专利引文。因此，全部专利申请总体符合平均每件申请三个引用的事实，说明对非专利文献的检索是极为必要的。

已发表的期刊文章表明了发明的研发过程，对发明人来说相当于一个带日期的邮戳。不过，其权利却通常属于提供资金支持的机构，通过使用和销售产生的大部分经济收益也始终由这些机构获得。

对可能获得美国国家卫生研究院（NIH）或国家科学基金会（NSF）拨款的科学研究而言更是如此。如果资金支持的项目发现了一种新的酶可以投入市场获利，NIH 或 NSF，以及雇佣发明人的机构或大学就有责任为这种酶申请专利。而发明人首次发表相关文章的期刊出版物，就是我们至始至终一直在寻找的。

会议论文集 会议数据库可以提供特定主题的最新信息。前述许多元搜索引擎的检索结果均涵盖这类参考文献。会议中洋溢着演讲、报告和书面意见，是相关主题领域的思想和创意集会。许多会议的论文集会在网上公布。虽然有些仅包括文摘，但仍然具有参考价值。

特别是科学家，他们很容易在会议上"霸气侧漏"。这意味着你也许可以在其文章发行之前就获悉他们的披露内容。事实已经证明，会议论文集对有效性检索非常有帮助。

报纸、杂志和目录册 当你拿起报纸阅读时，可能并不会意识到报纸其实是非常好的现有技术资源。而且，报纸有可证实的公开日期。

但是，其不足之处在于，报纸和杂志通常没有详尽的论述。许多报纸在报道时会介绍发明的名称以及功能，但却不会说明工作原理。对现有技术检索来说，一种樱桃摘取设备的名称可不及它的机械构造那么重要。

报纸和杂志的发行日期有时也可以提供帮助。比如，当一件发明的详细说明没有公开日期时，可以大致检索其向公众出售或发布的时间。目录册通常带有年、月形式的日期，可以很方便地确定报纸和杂志的发行时间。然后，只需要把详细说明和日期结合，并提供给法律顾问就可以了。

检索工具的增值功能

每种专利检索引擎或非专利文献数据供应商的资源检索方式都会有细微的差别。检索引擎具备不同的功能。文本查询复杂性、数据库全面性、展示性能以及可用性等基本功能是其固有的；而附加功能则可以强化用户方便、迅速地收集信息的能力，否则可能会遗漏对最终结果举足轻重的信息。尽管相关的功能五花八门，但下文介绍的内容相信可以对检索人员作有益补充。

提醒

检索一般只实施一次，但有时也会定期重新运行（如每季度、每年或每周）。此外，有些特别的检索主题也许需要进行频繁的检索。代之以多次重复相同的检索式，可以设置检索引擎内的"提醒"机制，在指定的时间再次实施检索，节约资源。检索人员无需事必躬亲即可完成工作，而且还可以得到警报或提示来确保主题检索的完整和彻底。提醒功能对时刻关注快速发展的技术领域非常有意义。

检索历史

检索历史是检索人员最终产品的关键组成部分。组织有序的检索历史应当公开检索中使用的全部关键词和逻辑运算符，还可作为档案减少后续检索的冗余数据。

有些检索引擎中的检索历史可能只是检索内容的记录；有些只提供被检索内容的语法；有些则允许用户对检索式进行分析，组合检索式用来确定并集，编辑或复制现存的检索式以及为编制目的标记检索式。

信息和图像的导入和导出

将检索引擎中的信息导出至报告或文件的功能，不仅可以增强检索的可信度，还能够从中了解检索人员的思路。不过有些工具（如 EAST）在这方面存在局限性。

在 Micropatent Patent Web 中，将专利号导入对话框后，系统会生成包括从专利名称、发明人到权利要求书等字段的电子表单。在分析之前，利用该功能整理数据可以节省一定的时间。

图像导出功能有时与数据导出一样重要。附图是机械领域专利中最有价值的组成部分。一流的检索引擎允许用户以若干文件格式导入或导出图像和基础文本，并以相应的程序阅读或查看。

法律状态、维持费和审查过程

专利的法律状态对侵权或有效性检索至关重要。INPADOC（INPD）涵盖了 50 个国家专利文献的法律状态，可以通过 Delphion 和 Questel/Orbit 等检索工具访问。美国专利商标局的专利申请信息查询（Patent Application Information Retrieval，简称 PAIR）可以在线查询美国专利申请信息、转让和费用情况，详情可登录 http：//portal. uspto. gov/external/portal/pair。

成本

检索引擎价高但不一定质优。在形形色色的检索工具和数据供应商中，如何选择最适合的产品已经成为一项令人生畏的工作。各种专利检索引擎的数据范围、访问模式（单用户模式 vs. 多用户固定费率模式）、数据检索方式和速度，以及前文所述的附加功能都有所差异。同样，数据供应商的特定资料使用费、展示费、专业检索费以及全文数据的使用方式也不尽相同。

大部分工具会为潜在用户提供一段试用期进行免费测试。测试期是用户了解系统功能并确定是否物有所值的最佳途径。使用量通常会影响订购费用，但在购买检索引擎时很难预知。通过试用期也可以对可能的使用量进行估计。另外，单用户模式虽然貌似比多用户模式便宜，但却可能无法提供无限量检索。因此，较少的初期投资从长远看来反而会比较昂贵。比如，一种检索引擎供应商的报价为每用户 8000 美元/年，而另一个公司的报价虽然达到 50000 美元/年，但却可以提供无限量用户数和无限量检索。

可视化

可检索专利不同组成部分的功能对检索非常重要。大部分专利检索工具可以查看专利的图像及其各组成部分（比如，说明书、权利要求书、附图等），其功能各有千秋。

总　结

专利检索引擎的价值取决于使用者，而使用者的需求则会支配其选择。通过试用期充分研究和测试每种检索引擎，会帮助你做出物有所值的选择。